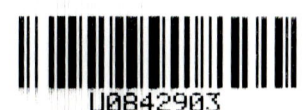

为你读诗词

READING POEMS FOR YOU

《哲思》编辑部……编

河南人民出版社

图书在版编目（CIP）数据

为你读诗词 /《哲思》编辑部编. —郑州：河南人民出版社，2017.6
ISBN 978-7-215-10993-3

Ⅰ. ①为… Ⅱ. ①哲… Ⅲ. ①古典诗歌－诗歌欣赏－中国 Ⅳ. ①I207.2

中国版本图书馆CIP数据核字(2017)第091460号

河南人民出版社出版发行
（地址：郑州市经五路66号 邮政编码：450002 电话：0371-65788067）
新华书店经销 河南省瑞光印务股份有限公司印刷
开本880毫米×1230毫米 1/32 印张6.25
字数 180千字
2017年6月第1版 2017年6月第1次印刷

定价：26.80元

目录 \CONTENTS

第一章 草木有本心，何求美人折

第二章

多情却似总无情

第三章

一年好景君须记

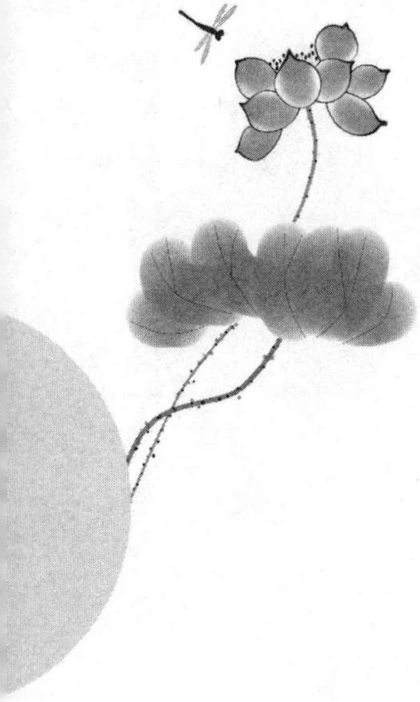

第一章

草木有本心，何求美人折

峨眉山月歌

唐·李白

峨眉山月半轮秋，
影入平羌江水流。
夜发清溪向三峡，
思君不见下渝州。

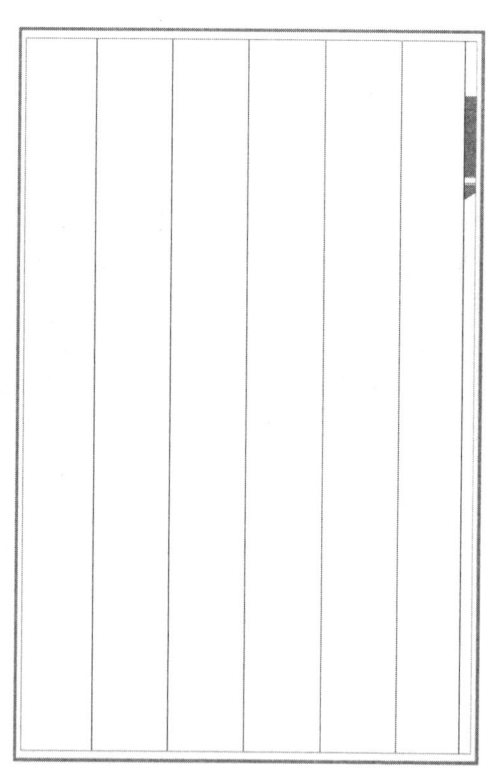

『诗中意』

开元十二年，李白24岁。正所谓须眉男子，志在四方，这个以诗闻名又“一生好入名山游”的旅行家，开始了他的游历生涯。

出蜀前，李白自是要将故乡山水看个够。峨眉山，李白在读书时已先后两次登临，并赋诗《登峨眉山》，称道：“蜀国多仙山，峨眉邈难匹。”此回再上峨眉，与其说是为寻胜，不如说是为了告别。

离了峨眉山，故土渐远，泛舟远行，怎会不起离愁？但此时内心怕更多的是兴奋，外面的世界精彩又辽阔，让他心底的那份愁来得淡，他积蓄了充足的力量又裹挟了诸多的想象，从此昂首踏上青天大道。

江雪

唐·柳宗元

千山鸟飞绝，
万径人踪灭。
孤舟蓑笠翁，
独钓寒江雪。

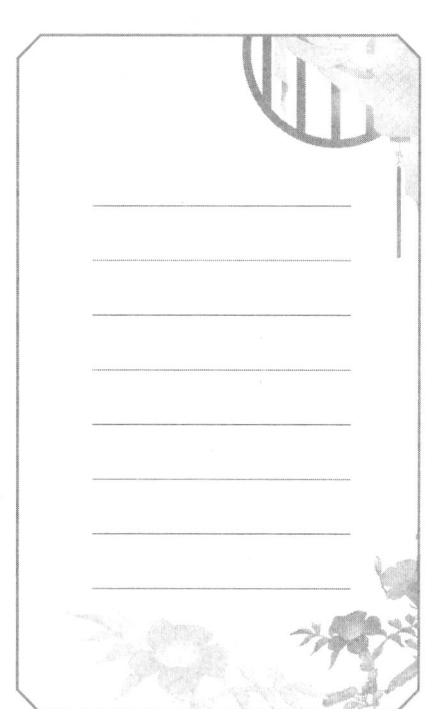

『诗中意』

“永贞革新”失败，先驱者柳宗元被流放，与他一同被贬的还有刘禹锡等七人，这就是历史上令人扼腕叹息的“八司马事件”。

祸不单行，柳宗元被贬那年，他的结发妻子杨氏因难产而死，不久他的母亲又撒手人寰。他带着一颗破碎的心，失魂落魄地来到了永州，开始了长达十年孤独寂寞的贬谪生涯。

那时永州是一个尚未开垦的蛮荒之地。初来乍到的柳宗元非常失望，无心打理政事，整天寄情山水，借以排遣心中郁积的苦闷。

入冬的第一场雪，勾起了柳宗元对长安，对亲人的怀念，他穿过幽深的巷子，来到河边，伫立桥头赏雪，忍不住吟了此诗。

柳宗元口头作完这首《江雪》，想再看一眼独钓寒江雪的老翁，然而，老翁早已不见踪影。这时候，柳宗元才明白，一切只不过是他的幻觉。冰天雪地里，柳宗元不是在钓鱼，他是在钓一种叫孤独的境界。

第二年，春暖花开时节，因为那首《江雪》给了他直面现实的勇气，也因为永州的山水抚慰了他受伤的心灵，柳宗元开始以一种出世的心态来看待他所遭遇的不幸。一阵深刻的反思之后，他又找回了年轻时意气风发、激情四射的自己。

望月怀远

唐·张九龄

海上生明月，
天涯共此时。
情人怨遥夜，
竟夕起相思。
灭烛怜光满，
披衣觉露滋。
不堪盈手赠，
还寝梦佳期。

『诗中意』

这首《望月怀远》，作于开元二十四年张九龄被罢相之后，在后人看来，它像是一首年代久远的相思曲，平淡如水，却能撩起人心底最深最浓的想念。

张九龄被贬为荆州长史之后，他一手努力托起的唐朝天空之上，乌云已然盖过明月，奸臣李林甫当道，唐代开始由盛转衰，可他已无能为力。

熄灭烛火，月华倾泻而下，愈加明亮，清冷的夜里，湿润润的露水染上衣袂，凉凉地渗入心间，这一夜无眠，他的相思太深，不知远方的人是否也在观望这轮明月，心里的思念是否也如这如环满月？

读了《望月怀远》之后，突然间觉得，张九龄才是那轮明月，不管世事如何变化，他从来不改初心，寂寞过，失意过，苦痛过，可是最终他还是保守住了那份真，去面对着世事无常，转身带起的风，从来不曾熄灭他心中理想的灯火。

感遇十二首·其一

唐·张九龄

兰叶春葳蕤，
桂华秋皎洁。
欣欣此生意，
自尔为佳节。
谁知林栖者，
闻风坐相悦。
草木有本心，
何求美人折。

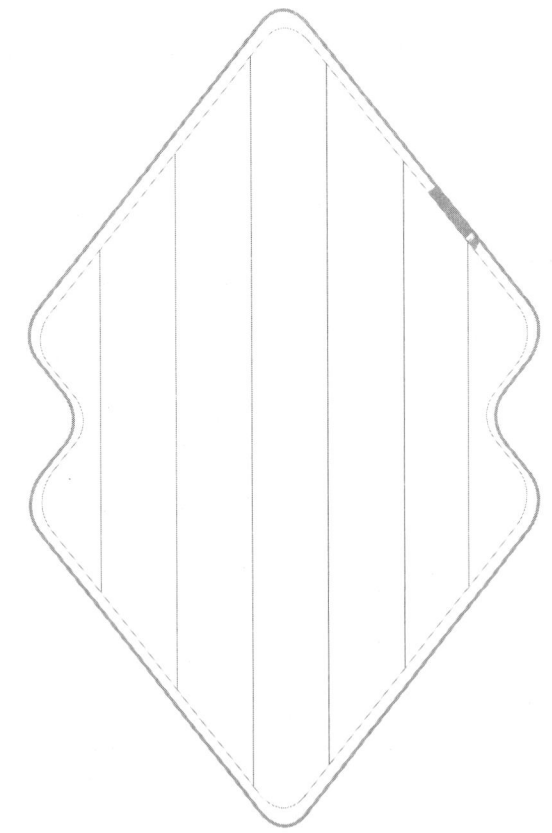

『诗中意』

写这首诗的时候，张九龄62岁，此时他被贬荆州任长史，朝廷奸臣当道，玄宗昏聩，回朝已遥遥无期。

从权力的巅峰黯然离去，虽然离去的背影依旧风度翩翩，但内心的失意与苦闷何处可寄？那就寄寓草木吧，春兰秋桂，暗香袭人。君子修身进德，也该如此，这是君子的本分，

不是为得到升迁、称誉、富贵而为之，虽然这距离庄子的“无功、无名、无我”的境界还差一点，但作为儒士，其品性已若兰似桂了。可惜的是，太高人愈妒，过洁世同嫌。

虽然不求美人折，但常有小人妒。最终张九龄寂寞而逝，没有等来朝廷的召回。唯其不可能，才在潜意识里放弃了对生命的执着吧，甘愿委身一抔尘土。草木本心，兰桂自芬，一个“何求”，无限悲酸，“何求”不是不求，是希望被朝廷真正器重，以慰平生之志。不要弃置荒野，老尽贤臣心。个人的得失是人生的小寂寞，社稷国家的兴衰是贤臣的大寂寞，这样的寂寞，为何总要贤臣默默承受？好在，在短暂的时空里，做了一回兰桂，留下几缕馨香。人生若此，也堪欣慰了。

渡汉江

唐·宋之问

岭外音书断，
经冬复历春。
近乡情更怯，
不敢问来人。

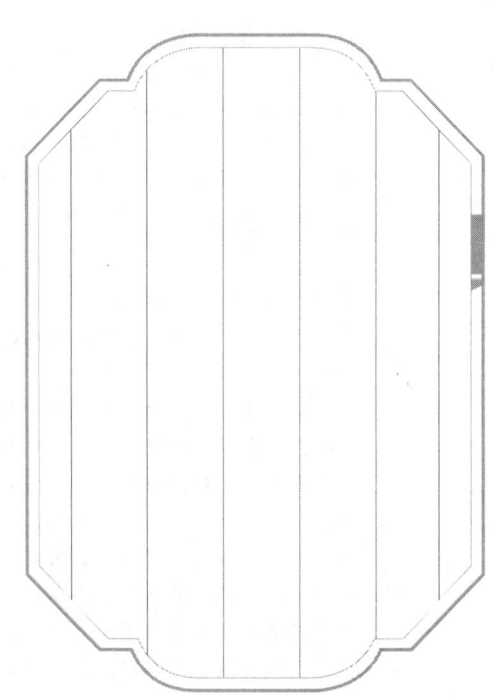

『诗中意』

武后晚年，宋之问媚附张易之、张昌宗兄弟，二张被诛杀后，受牵连遭贬。这首《渡汉江》写在宋之问从贬谪地逃亡的路上。泷州偏远，条件恶劣，贬往那里的官员往往是九死一生。宋之问冒险从岭南逃回，恐怕不仅仅是为了活命，更是想要知道家人的情况，也为了告诉家人他还活着。

写这首诗时宋之问已离家多年，在荒凉僻远的五岭之外一个人度日如年。家人的书信早已断绝，他艰难地捱过每一个冬日，又迎来寂寥的春天，好不容易踏上归途，快马加鞭日夜兼程。近了，终于近了，渡过汉江，前面就是家的方向。

但一个死里逃生的贬官历经艰辛想要回到家乡，想知道家人的情况，却又害怕听到不好的消息。这怯生生的模样如何不让人动容？然而，若是知晓了故事原委，恐怕那将落下来的泪只能换来一声叹息吧。

登幽州台歌

唐·陈子昂

前不见古人，
后不见来者。
念天地之悠悠，
独怆然而涕下。

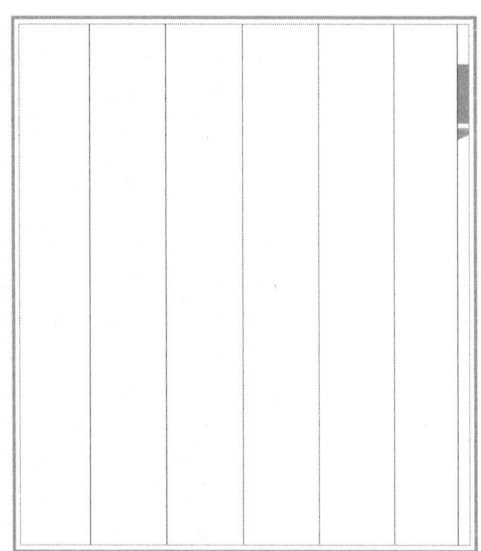

陈子昂出身豪门望族，少年时常骑马执剑，做着打抱不平的游侠梦。后来开始闭门读书，走进长安的疾风细雨里，然而来到长安后很快泯然于满天星辰中。

他茫然了，可他到底自负，断然不甘就此埋没。他把雪片似的诗文投落在长安城里，后来更是通过当众摔碎那把价值千金的名琴而一夜成名。

两年后官居右拾遗，年少气盛的他，直言进谏，像一把锋利的匕首戳向武氏集团，结果被武三思设计陷害入狱。出来后，他依然锋芒不减。武则天虽然欣赏他的才华，但不喜他的个性，让他成了个诗才点缀的花瓶。

被架空了的陈子昂，像被缴了械的将军，叹英雄无用武之地。那日该是秋高气爽，心情沉重的他登上幽州台望远时，心中的悲凉落寞像决了堤的洪水一泻千里。

诗中22个字，像22瓣聚拢在暗夜里的花朵，在唇边瞬间绽放，所有愤懑化为经久不息的芬芳，美丽而悲凉。他想到春秋战国时的明君燕昭王曾为招贤纳士高筑黄金台。如今世事翻转，燕昭王已化为尘土，幽州台也成废墟，礼贤下士的君王去了哪里呢？胸中积郁再也按捺不住，在幽州台上泪零如雨。

第二年，他辞官回乡。后来被武三思指使人陷害而再次逮捕入狱。这一次，他再也没能出来，在狱中被折磨致死。

山园小梅

宋·林逋

众芳摇落独暄妍，
占尽风情向小园。
疏影横斜水清浅，
暗香浮动月黄昏。
霜禽欲下先偷眼，
粉蝶如知合断魂。
幸有微吟可相狎，
不须檀板共金樽。

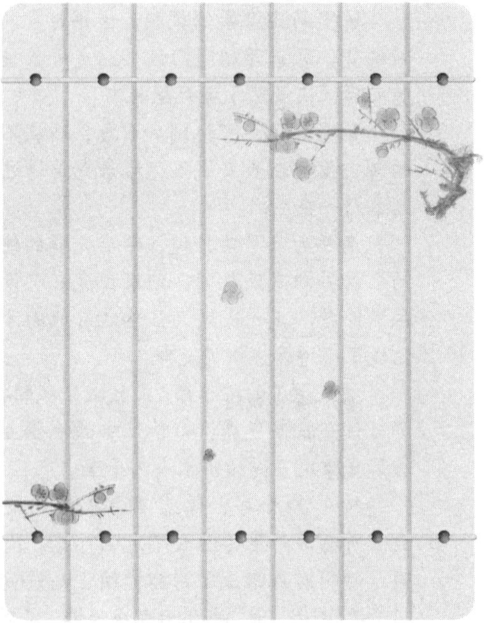

『诗中意』

林逋，北宋初年著名隐逸诗人，书载性孤高自好，喜恬淡，自甘贫困，勿趋荣利。及长，漫游江淮，四十余岁后隐居杭州西湖，结庐孤山。林逋终生不仕不娶，唯喜植梅养鹤，每逢客至，便叫门童子纵鹤放飞，林逋见鹤必棹舟归来，人称“梅妻鹤子”。

他的诗风格澄澈淡远，多反映隐逸生活和闲适情趣，“疏影横斜水清浅，暗香浮动月黄昏”两句，成功地描绘出梅花清幽香逸的风姿，被誉为千古咏梅绝唱。

遣怀

唐·杜牧

落魄江湖载酒行，
楚腰纤细掌中轻。
十年一觉扬州梦，
赢得青楼薄幸名。

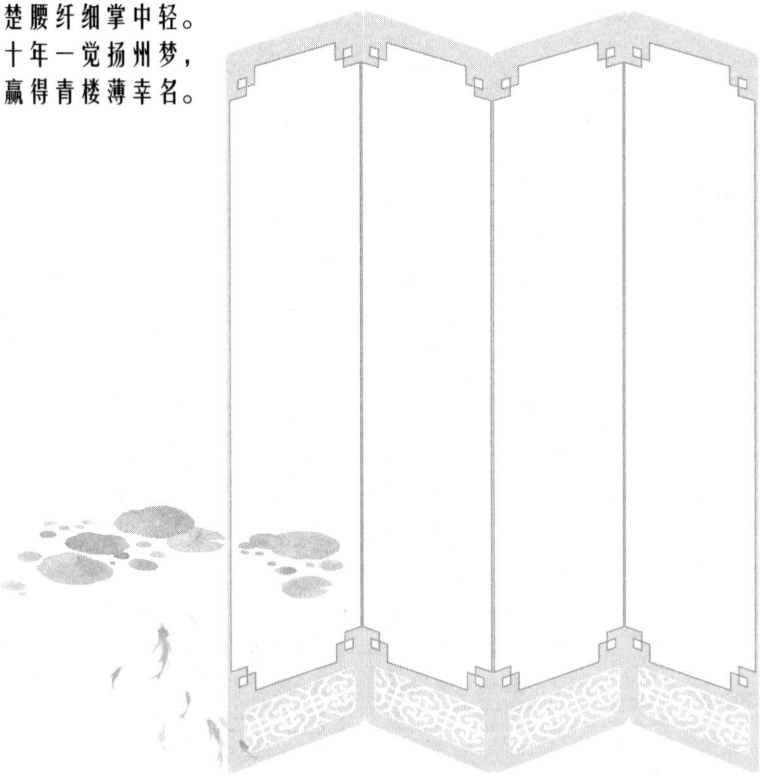

宦海浮沉，杜牧空有一腔报国之志和满腹锦绣文章，急管繁弦的荒唐岁月逐渐蹉跎了一个倜傥青年的昂扬之志，踌躇满志的风流才子只能落寞地伫立在青山隐隐、绿水迢迢的扬州。

所幸扬州城抚慰了他，那卷上珠帘总不如的高楼红袖抚慰了他，只是念一生所学当效国，而今只能付风尘，他心有戚戚焉。

许多年后，在他京都的樊川别墅，他提笔写下这首《遣怀》诗自嘲。

政治已没有容身之所，他转向风月地寻找寄托，与柳永不同，即使是沉迷风月的时候，他的心底也是清醒矛盾的，少年时代的际遇使他颇具大家风流浪子的潇洒，儒家思想的熏陶让他始终抱着济世安民之志，然而仕途的不顺，却让他在现实中不断承受煎熬，在放与不放中踟蹰着。所以他会叹，十年一觉扬州梦，赢得青楼薄幸名。“赢得”两字隐含不屑，“薄幸名”后藏住的自嘲后悔之心也显而易见。

闺怨

唐 · 王昌龄

闺中少妇不知愁，
春日凝妆上翠楼。
忽见陌头杨柳色，
悔教夫婿觅封侯。

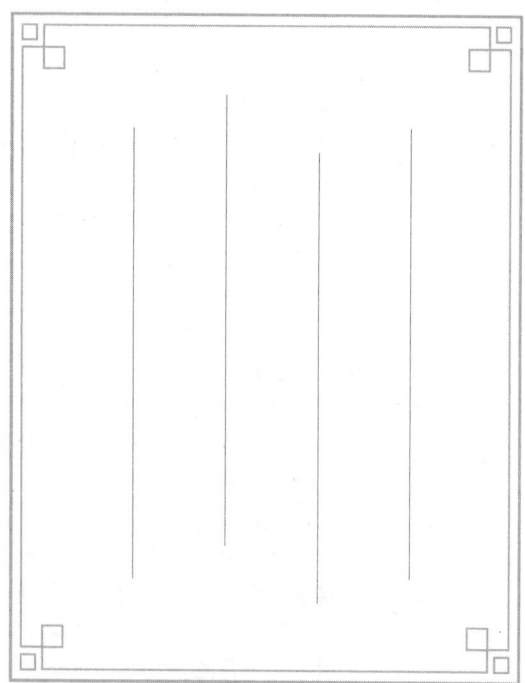

『诗中意』

春日，一个盛装的女子登上高楼，本觉时光尚好，突然看见陌上杨柳青青，想起当年折柳送夫君远去的场面，突然生出无尽悔意，良辰美景没有他陪在身边，她顿时悲从中来。

此情此景，被王昌龄写进了这首《闺怨》。

有多少爱情经得起距离来考量？当它湍湍沸沸度过峥嵘青春，终究会在千山万水之外搁浅。这种等待蹉跎了青春，荒芜了爱情，送走的是一个青衫人，再回来的只是一场流年似水。

这种等待，其实是逆时间之流而上，终究在某个时候力竭而弃，然后烟消云散。千帆过尽皆不是，望穿秋水等来的不是归人，只是过客。

悔教夫婿觅封侯，当一个女子生出这样的悔时，她该有多少不甘与无奈，不如一直做对平凡夫妻，一起守着人间烟火，一起看着彼此的白发爬上双鬓。爱情里唯一能抵抗时光蹉跎的，是当初将你留在身边，一起甘于清贫的朝朝暮暮……

忆江南·江南忆

唐·白居易

江南忆，
最忆是杭州。
山寺月中寻桂子，
郡亭枕上看潮头。
何日更重游。

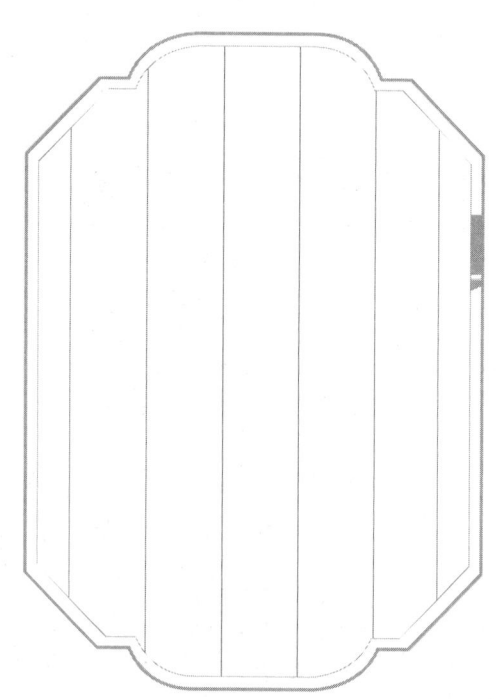

『诗中意』

知己的最高的境界便是“未言心相醉”，白居易便有这样一位知己——元稹。

命运兜兜转转，起承转合，他们曾从江南走过，沾染了一身烟雨迷蒙。杭州的灵隐寺，他们一同去过，闻过那里的桂花飘香，看过那里的枝头红杏，徘徊在月下，流连折桂枝，共同入画，览尽美不胜收的风景。钱塘江边，他们观潮，看数丈潮头涌起，不必担心溅落一身江水，因为只需身在远远的郡亭便可望见那“卷云拥雪”。一静一动，那是江南至美的风貌，而他们便曾在那至美间辗转偕游。

年近古稀，白居易写下了三阕《忆江南》。最后，他只说一句“何日更重游”，虽然说得隐晦，但相信他的知己一定会懂。就像多年前元稹曾为白居易写下：“不可使不知吾者知，知吾者亦不可使不知。”

大美的江南风光，因彼此而更加璀璨不同。酒饮微醺恍然偕游，梦醒时分身在梁州。重逢几度故心依旧，江南一游吟诗斗酒。犹言“唯梦闲人不梦君”，却使“江州司马青衫湿”。

问刘十九

唐·白居易

绿蚁新醅酒，
红泥小火炉。
晚来天欲雪，
能饮一杯无？

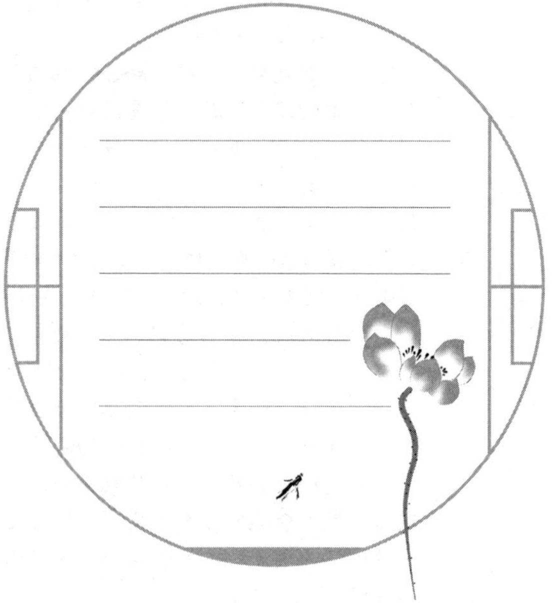

白居易远离帝京任江州司马，谪居卧病。没有丝竹管弦又如何，他用民间方法酿酒，扎起围裙，撸起袍袖，点起火炉，蒸煮高粱。红红的炉火舔着锅底，高粱米在坛子里沸腾膨胀，提取液体密封在坛子里发酵，经过几个月焦急又耐心的等待，打开酒坛的那一刻，缕缕香气扑鼻而来。

他站在窗前，端着酒杯，望着院子里摇曳的纤纤细竹，想起了挚友刘十九。炉火正旺，美酒正香，一室温暖如阳春三月。两人一起喝酒，趁着酒兴题诗唱和，岂不是雅事一桩？一念生起，如电光火石，他疾步来到书桌前，展开宣纸，研好墨，提笔写了一封邀请函：“绿蚁新醅酒，红泥小火炉。晚来天欲雪，能饮一杯无？”

传书的小童疾步离去，带着白居易温暖的邀请和深情的问候奔向刘十九的府邸。室内炉火闪耀，绿蚁酒泛着金绿的光芒。白居易斟上一杯酒，细细咂摸，等待好友应邀而来。屋外响起了杂沓的脚步声，刘十九应邀前来，不顾天黑路远，不畏风雪载途。两人举起酒杯，相视而笑，一室生暖。

菩萨蛮·人人尽说江南好

唐·韦庄

人人尽说江南好，
游人只合江南老。
春水碧于天，
画船听雨眠。
垆边人似月，
皓腕凝霜雪。
未老莫还乡，
还乡须断肠。

春色撩人，江水绿如蓝，天色倒映在水中都不及那纯粹的色泽，街道上人来人往，吴音软语嬉笑打闹，全然不见战乱的影子，这是韦庄梦里碧色如许的江南。

韦庄生于长安城，像许多有志青年一样预备着有朝一日及第，春风得意马蹄疾，一日看尽长安花。然而兵马铁蹄踏碎了温暖的梦境，盛世繁华摇摇欲坠，他迫不得已离乡避乱，掷地有声道：此生定要功成名就，涤荡乾坤！

可是庙堂坎坷江湖远，仕途并不会是坦途，韦庄四处碰壁，终于尝到了岁月赠他的苦果。弱冠公子早已变成眉目间有了细纹的中年人，饱尝生活艰涩后求仕谋生亦无所得。

多年漂泊，光阴变换了几轮，人的心境也逐渐磨炼得与从前截然不同。

而后，古稀之年的韦庄官至前蜀国宰相，踌躇壮志终得报。再忆那遥不可及的一世长安，也只是轻描淡写地带过，他敢挥毫泼墨的唯有江南，前尘往事涌上心头，也许他笔下的江南有多美，心中对故乡的哀悼便有多深。

后来他再未回到故乡，武成三年，韦庄在成都花林坊随风逝去，终究无法畅享长乐未央。曲终人散处，断肠人永未还乡。

太常引·建康中秋夜为吕叔潜赋

宋·辛弃疾

一轮秋影转金波，
飞镜又重磨。
把酒问姮娥：被白发、欺人奈何？

乘风好去，
长空万里，直下看山河。
斫去桂婆娑。
人道是、清光更多。

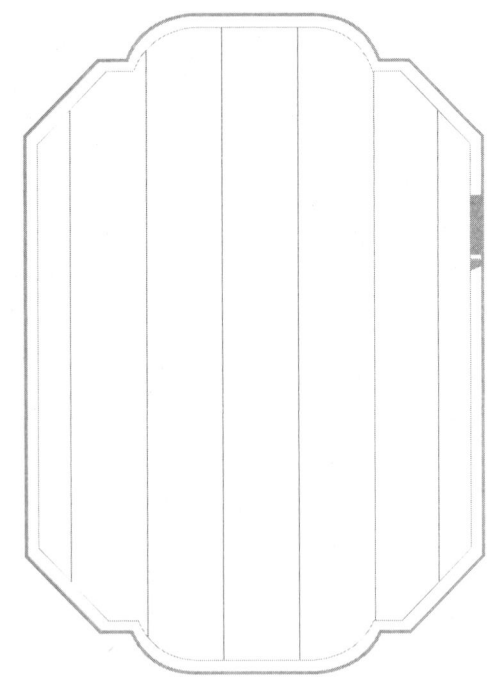

『词中意』

作这阕词时，辛弃疾35岁，此时，宋王室偏安江南已12年。

12年间辛弃疾向朝廷奏请收复沦陷山河故地的奏章写了无数条，但许多奏议都石沉大海。又是一年中秋夜，吕叔潜早早携酒前来与辛弃疾一同赏月。因明月，因团圆，二人又聊起了北方的故土和仍生活在金人统治下的亲人。

辛弃疾回想起年少时祖父带他站在高处南望故国的情景，那时，他南望宋都，多希望有朝一日能披甲执兵驱逐金人，救北方的汉民于水火之中。而今12年过去了，他书写的《美芹十论》《九议》不知打动了多少百姓，却唯独打动不了当权派。

如今，35岁的他已华发渐生，心已沧桑，只能将未酬的壮志和一腔的忠勇挥洒在诗词笔墨之间。

水龙吟·渡江天马南来

宋·辛弃疾

渡江天马南来，几人真是经纶手？
长安父老，新亭风景，可怜依旧！
夷甫诸人，神州沉陆，几曾回首！
算平戎万里，功名本是，
真儒事、君知否？

况有文章山斗，对桐阴、满庭清昼。
当年堕地，而今试看，风云奔走。
绿野风烟，平泉草木，东山歌酒。
待他年整顿乾坤事了，为先生寿。

『词中意』

辛弃疾虽然才干卓绝，政绩突出，却每每因为坚持北伐的倔强和出生金国南归而来的尴尬身份不受重用。淳熙七年（1180 年）他终于再次被拔擢，出任隆兴（南昌）知府兼江西安抚使，但任职不过一年，就被弹劾罢官。此后正值壮年的他开始赋闲信州。

“门前有溪涧，屋后满修竹”是辛弃疾在信州的生活写实，在那里，他与同样因遭弹劾寓居在此的知己好友韩无咎比邻而居，他们常常往来唱和。淳熙十一年（1184 年）的五月十二日是韩无咎的生日。辛弃疾作了此词，这时的他已经闲居三年，可是忧思国事，忧虑北伐的心却始终未能放下。

永遇乐·京口北固亭怀古

宋·辛弃疾

千古江山，英雄无觅，孙仲谋处。
舞榭歌台，风流总被雨打风吹去。
斜阳草树，寻常巷陌，人道寄奴曾住。
想当年金戈铁马，气吞万里如虎。

元嘉草草，封狼居胥，赢得仓皇北顾。
四十三年，望中犹记烽火扬州路。
可堪回首，佛狸祠下，一片神鸦社鼓。
凭谁问，廉颇老矣，尚能饭否？

『词中意』

闲居山野近二十年，一直到嘉泰三年（1203 年），已经 64 岁的辛弃疾才重新被起用。他不顾年迈又一次满怀豪情地踏上了倡议北伐的征途。开禧元年，时任镇江知府的辛弃疾写下了流传千古的名篇《永遇乐·京口北固亭怀古》，他以廉颇自喻，告诉世人，虽然我已年迈，但是雄心依旧，只是能否被朝廷重用，却很难预料，宛如结尾那个大大的问号，充满了不确定性。就在写完这阕词后不久，他又一次因弹劾离职。

开禧三年秋天，已卧病多日的辛弃疾入秋后身体更加羸弱不堪，就在这时他却等到了朝廷重新起用的诏令，心有余而力不足的他无奈之下只能上奏请辞。此后不久，辛弃疾高呼着“杀敌”含恨而亡，仿佛他又找到了鲜衣怒马征战沙场的梦想与荣光。

记承天寺夜游

宋·苏轼

元丰六年十月十二日夜，
解衣欲睡，月色入户，欣然起行。
念无与乐者，
遂至承天寺寻张怀民。
怀民亦未寝，相与步于中庭。

庭下如积水空明，
水中藻荇交横，
盖竹柏影也。
何夜无月，何处无竹柏，
但少闲人如吾两人者耳。

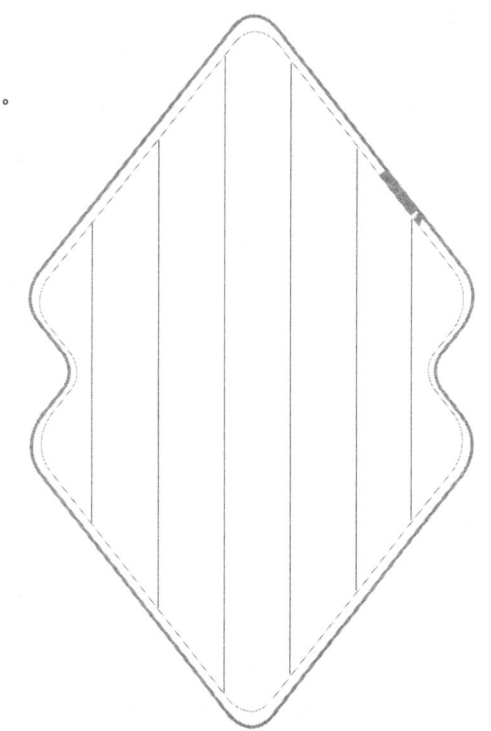

『诗中意』

自“乌台诗案”，苏轼被贬黄州已有四年。经此一难，人虽未死，但自那之后，远在黄州他的内心也时常烦闷无聊。但这几年，看山看水，心胸宽阔起来，心境也慢慢平和，恰好这时梦得来了。虽与自己有着同样被贬的处境，但梦得通达豁然、坦然自得，乐山乐水，从不因贬谪之事惆怅，苏轼觉得这是个可以结交的好友，便视为知己。

此词便是明月夜苏轼去承天寺寻梦得时所作。一路上偶尔听到两旁住户家的狗吠声，也有夜鸟扑棱着翅膀飞过，好不自在有趣。身侧是知己，抬头即是一轮皎洁的明月，低头又是一片澄澈的庭院，好一派时光安然、岁月静好的舒适和宁静。

扬州慢·淮左名都

宋·姜夔

淳熙丙申至日，余过维扬。夜雪初霁，荠麦弥望。
入其城则四顾萧条，寒水自碧，暮色渐起，戍角悲吟；
余怀怆然，感慨今昔，因自度此曲。千岩老人以为有《黍离》之悲也。

淮左名都，竹西佳处，解鞍少驻初程。过春风十里，尽荠麦青青。
自胡马窥江去后，废池乔木，犹厌言兵。
渐黄昏、清角吹寒，都在空城。

杜郎俊赏，算而今、重到须惊。纵豆蔻词工，青楼梦好，难赋深情。
二十四桥仍在，波心荡、冷月无声。念桥边红药，年年知为谁生？

『词中意』

大多人初识白石，便是这首人尽皆知的《扬州慢·淮左名都》。时至如今，“二十四桥仍在，波心荡、冷月无声。念桥边红药，年年知为谁生”的句子仍会不时吟诵出来，那腔调仿佛一枚着了霜气的红药花瓣，始终在风中飘零，尽管幽香远去，但那抹艳丽的红，好似天边日复一日微醺的夕阳，一如当年。

淳熙二年，宋金媾和，朝廷内外文恬武嬉，将恢复大计置之度外。那时的姜夔正青春年少，仕途无望，客游扬州，眼下只有一弯冷月、一泓寒水与无数文人雅士徜徉过的二十四桥，桥边的芍药花虽然风姿依旧，却是无主自开，这种萧败，不单单有感于自身处境堪怜，更有感于扬州这座历史名城的凋敝和荒芜。

词作中，姜夔突破了世外野老的格局，平和伤乱语，写尽黍离之悲，纵他人累千百言，亦无此韵味。

题都城南庄

唐·崔护

去年今日此门中，
人面桃花相映红。
人面不知何处去，
桃花依旧笑春风。

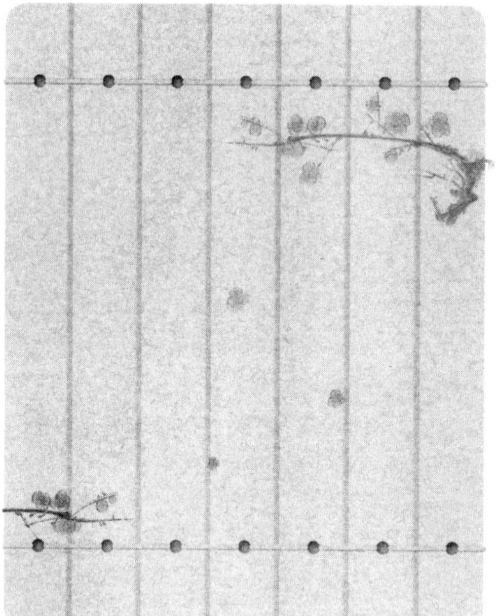

落第才子崔护到独自到郊外赏景，意外发现一户人家门扉轻掩，几枝桃花斜出墙外，一素衣少女倚门而立，嫣然一笑。他不禁心旌摇曳，主动跟她攀谈起来，但她始终不答一句，只是面带微笑，将他迎进门内，并端来水递到他手中。

天色将晚，他才依依不舍地离开。只是那一眼已成千古。

第二年清明，他蓦地想起那“人面桃花相映红”的美丽村女，循着去年的踏青小路一路走过，但见小院依旧，门上却挂着一把大铜锁。

惆怅之余，他不禁拈起几片落花呆呆地看了看，泪水瞬间恣意蔓延，从地上捡起一块小石头，在桃花掩映的院门上题了这首诗。

只记得去年今日，就在这芳草萋萋的门前，桃花与她的粉面相映成辉，只是一眼，就醉了他慌乱的眸。她美目倩兮，眼眸如墨汁般黝黑，如泉水般清澈，仿佛可以洞悉一切，只是那时那刻，他的举手与投足，她可曾看见？他的心跳与痴迷，她可曾懂得？

而今依旧春光烂漫，依旧是花木扶疏、粉桃掩映的庄院，然而，使这一切增光添彩的那张美丽的面孔却不知去了何处，只留一树桃花在春风中凝情含笑。

他只能借着浓浓的夜色，让淡淡的苦涩伴着一点儿香甜，孤身一人，向着无际的黑暗潜行，尽管他知道，她就是他梦里的一个魅影。

木兰花令·梧桐叶上三更雨

宋·苏轼

梧桐叶上三更雨。
惊破梦魂无觅处。
夜凉枕簟已知秋，
更听寒蛩促机杼。

梦中历历来时路，
犹在江亭醉歌舞。
尊前必有问君人，
为道别来心与绪。

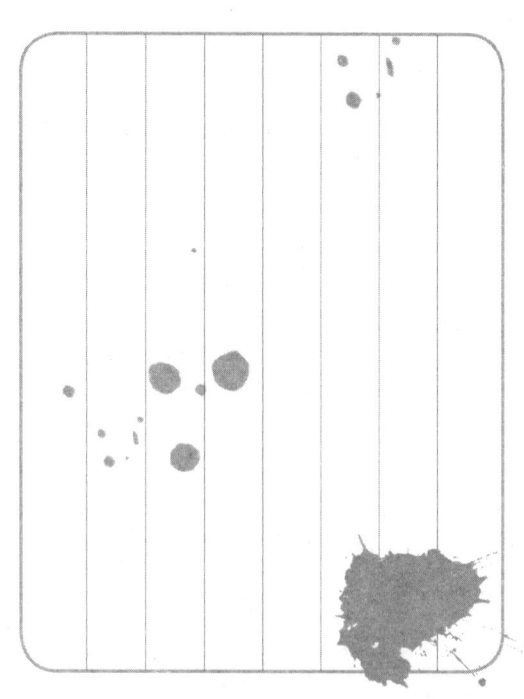

『词中意』

元祐八年，厌弃新法的太皇太后高氏驾崩，哲宗起用新党，苏轼请求外放。先是在元祐八年自请出京去了定州，哲宗改号“绍圣”后，他因“讥斥先朝”被贬岭南。他先是被调任英州太守，然后不断接到追加的贬抑，最后流落至惠州。一道道冷酷的圣旨来势汹汹，苏轼不由得心惊胆战。在寄给弟弟子由的这阕词中，他写下秋雨之下的心境。

八年好梦，一朝惊散。等待他的，不再是安宁。他在梦中流连着“江亭醉歌舞”，再从那场春华梦中无奈地睁眼，看冰凉的秋雨打湿窗棂。岭南自古以“瘴疠之乡”为人们所畏惧、逃避，也因此成为皇帝贬谪大臣的理想之地。变故之下的惊惶是人的本能反应，纵是苏轼也无法避免。当他被朝廷反复无常的旨意驱使着到处奔波时，也无法决绝到在心绪中只留下勇敢。但苏轼长于常人的地方在于，每次惊惶过后，他都能很快平复下来。经历的击打越多，恢复平静的速度越快。在惠州住下后，他很快与这里安乐相处。

蝶恋花·春景

宋·苏轼

花褪残红青杏小。
燕子飞时，绿水人家绕。
枝上柳绵吹又少。
天涯何处无芳草。

墙里秋千墙外道。
墙外行人，墙里佳人笑。
笑渐不闻声渐悄。
多情却被无情恼。

被朝廷反复无常的旨意驱使着到处奔波时，苏轼一贯淡然处之，他寓居在惠州嘉佑寺，有一天行至松风林下，突然觉得足力疲乏，但亭子还在很远的地方，心想，是不是勉力走到亭子下再休息？思考良久，他突然悟到："此间有什么歇不得处，何必非得在亭子里安歇？"

这便是苏轼。所以他才会在来惠州的第二年，而且是在"枝上柳绵吹又少"的暮春时节，非但不伤春，反而看到"天涯何处无芳草"。

《蝶恋花·春景》的下阕写了墙里佳人和墙外行人的偶遇，后人对其寓意争论不休。行人从墙外经过，不经意被墙里佳人天真悦耳的笑声吸引，渐生爱慕之情，还没有到"为卿一笑，抛却浮名"的痴狂地步，只是驻足流连。佳人不知道墙外行人的存在，笑声渐渐消失了。多情却被无情恼，多情的是行人，但墙内佳人恼人的无情，亦只是无心罢了。

有人说这个故事寓含着苏轼的郁郁寡欢和不得意，或许这也是为什么他那位聪慧的侍妾朝云每诵此词，都掩面惆怅，泪满沾巾。一次，苏轼问她缘故，她说最唱不出口的，便是"枝上柳绵吹又少。天涯何处无芳草"。不料苏轼听后大笑。

其实，苏轼没有悲，可是后人争相替他悲，竟相忘却他那"日啖荔枝三百颗，不辞长作岭南人"的潇洒。苏轼在给朋友的信中说，北归无望，不如干脆以惠州人自居。他心中是安宁的，不需要强词安慰，只当原来就是一个惠州秀才，只是累举不第而已。

西江月·顷在黄州

宋·苏轼

顷在黄州，春夜行蕲水中，过酒家饮。
酒醉，乘月至一溪桥上，解鞍曲肱，醉卧少休。
及觉已晓，乱山攒拥，流水锵然，疑非尘世也。
书此数语桥柱上。

照野弥弥浅浪，横空隐隐层霄。
障泥未解玉骢骄，我欲醉眠芳草。

可惜一溪风月，莫教踏碎琼瑶。
解鞍欹枕绿杨桥，杜宇一声春晓。

『词中意』

月夜行路，月光之下，原野之上，一条清溪缓缓流淌。春水涨满河，风一吹，河就活了，微浪轻翻，月光粼粼。

天上的月，月下的原野，原野里的河，河中水月一线，人在此间，世界不过如此。

东坡先生的马忽然嘶鸣，要渡河了。东坡先生却下了马，解去马鞍，在芳草地上以马鞍为枕，在月下，在河边，在青青草地上一梦酣甜。

杜鹃一声声，啼散了黑夜。东坡先生醒来在黎明之后。四顾，见乱山攒拥，山野间闲花闲草在和风里招摇；又有杜鹃声声，流水锵然。东坡先生掸掸衣上的尘，正正衣冠，跃身上马。昨夜星月昨夜酒，得了欢乐。今时风光今时路，且歌且行。

他来黄州已有一些时日。在黄州之前，他是湖州知州，在任不过三个月，引出“乌台诗案”，险丢了性命；几经波折，躲过一劫。

在黄州，他在寓所不远处，和家人一起开垦了一片荒地，名之“东坡”，在东坡上种田，帮补生计。

人生不过是浮浮沉沉的事，看开了，放下了，得自在地去过随遇而安的生活。

望海潮·东南形胜

宋·柳永

东南形胜，三吴都会，钱塘自古繁华。
烟柳画桥，风帘翠幕，参差十万人家。
云树绕堤沙，怒涛卷霜雪，天堑无涯。
市列珠玑，户盈罗绮，竞豪奢。

重湖叠巘清嘉，有三秋桂子，十里荷花。
羌管弄晴，菱歌泛夜，嬉嬉钓叟莲娃。
千骑拥高牙。乘醉听箫鼓，吟赏烟霞。
异日图将好景，归去凤池夸。

『词中意』

咸平五年，潮起潮落的光阴里，柳永由钱塘入杭州。杭州是一个烟柳满堤，细雨迷蒙，留下无数美丽传说的地方。浊世才子，旖旎风光，一切的相遇都再合适不过。楼上有姑娘长发轻挽，云裳飘飘，步摇声中用一口吴侬软语唱着婉转的小曲，月光日复一日重复着不变的清辉。

赏心乐事，倒也没忘了正经事。次年，他便去拜谒了杭州门禁极严的知州孙何。一阕《望海潮·东南形胜》，自此天下知了“柳永”二字。

杭州的繁华恢宏、烟霞美景，及西湖的十里荷塘、妩媚风情，一下都跃入了世人眼中。盛世天下，笔底卷书，尽是赞扬与期盼，铁画银钩落下，就着少年鬓角在春风里扬起的一缕发丝，在他转身的一瞬，成全了一世白衣。且歌且行，他带着盛名一路行至开封。都城繁华极盛，花灯夜幕才子佳人相约，灯火阑珊处伊人早已在悄悄等候。烟雨杏花，绝胜春景，在春回大地之时肆无忌惮地蔓延。你折一枝花，我斟一杯酒，灯影里是一场又一场沦陷的温柔。等走过四季，踏过春秋，还有人在纸醉金迷里默默停留。盛世繁华，天下艳羡。柳永一提笔，一挥袖，凌云辞赋，将帝都的承平气象形容曲尽。

这便是年少的他，落落少年，累累风华，耀眼夺目。

鹤冲天·黄金榜上

宋·柳永

黄金榜上，偶失龙头望。
明代暂遗贤，如何向。
未遂风云便，争不恣游狂荡。
何须论得丧？
才子词人，自是白衣卿相。

烟花巷陌，依约丹青屏障。
幸有意中人，堪寻访。
且恁偎红倚翠，风流事，平生畅。
青春都一饷。
忍把浮名，换了浅斟低唱！

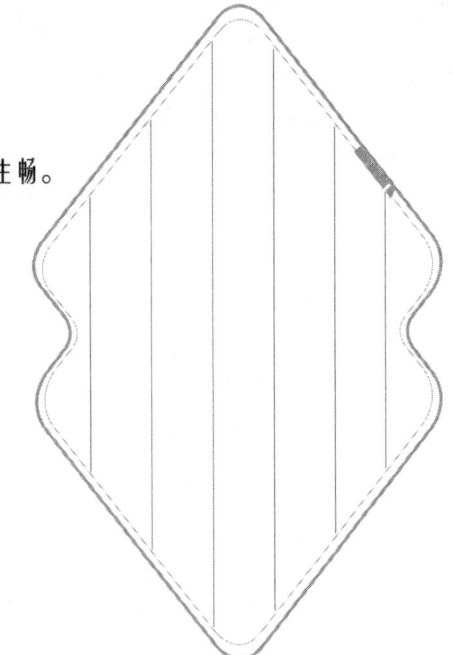

『词中意』

宋仁宗一次“临轩放榜”，看到柳三变的名字，想起他《鹤冲天》词中“忍把浮名，换了浅斟低唱”的句子，就说：“且去浅斟低唱，何要浮名！”把他黜落了。于是，他只好半是解嘲、半是哀怨地自称“奉旨填词”，继续过着流连坊曲的生活。

这阕词作于初到汴京不久，一个出生于仕宦家庭，从小就饱读诗书、肄习举业的年轻士子，到京华初战就遭到铩羽，落第了，心情自然不好受，然而仕途受困的打击，在他的身上产生了反拨力，使他的思想一下子摆到了一个相反的方向——敝履功名，流连坊曲，在花柳丛中寻找生活的方向。一曲《鹤冲天·黄金榜上》，便是他这种内心历程的忠实记录。

勾栏瓦肆，曲尽春浓，相比官场的失意，这便是他人生的得意之处。可他是柳永，怎能一辈子都在社会底层，把所有抱负化作浅斟低唱？光阴似流水般从生命里悄无声息地走过。直到仁宗亲政，对历届科举失意之人宽待，柳永才得以及第。此中艰辛不必多说，更重要的是，多年前的春风一路吹至今朝，少年易老，早已白头。

本该一生顺遂，却惊起无数浮沉。这天下再大，终归负了他。流年落花，千年时光掩蒹葭。

可缠绵的宋词会记得他，温柔的春风会记得他，还有那如诗如画亦如酒的女子，也会记得他。

武陵春·春晚

宋·李清照

风住尘香花已尽，日晚倦梳头。
物是人非事事休，欲语泪先流。

闻说双溪春尚好，也拟泛轻舟。
只恐双溪舴艋舟，载不动、许多愁。

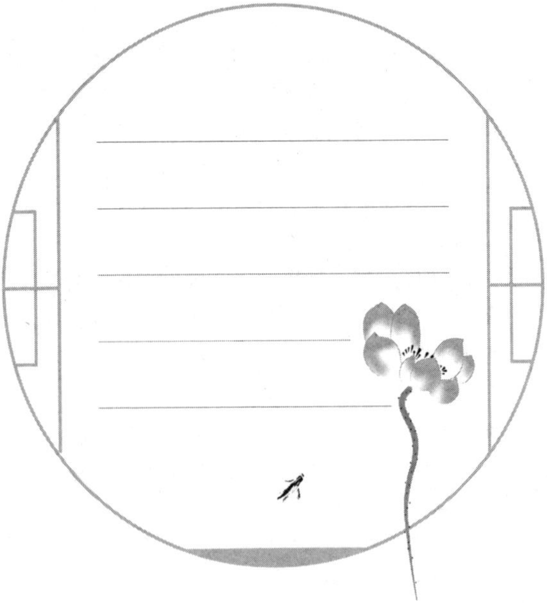

绍兴五年。金人渡过淮河，大举南侵。由于宰相赵鼎的坚持，高宗赵构只能起驾亲征，率军迎击。一时间兵燹再起，生灵涂炭。不得已之下，李清照避乱金华。

此时的她，丈夫去世，膝下无子，半生辛苦收集来的金石文物也已几乎散失殆尽，旧都汴京的那些繁华阜胜，青州闲居的那些快慰欢欣，都如这春光般一去不返。双睫盈盈，任眼泪流下面颊。也许，在这样的时刻，只有冰冷的泪水才是唯一真实的。

赵明诚去世之后，她大病了一场，生活从此熄掉了它的最后一根蜡烛，留下她一人独自面对这冷寂而漫长的黑夜。从前泛舟春溪的笑语犹在耳畔，只不过如今双溪的这只舴艋舟，早已不是溪亭日暮时那只穿梭在藕花深处的轻快小船了。那个梦中如此真切的人儿，那些终日苍凉抑郁的日子，那如花雨一般漫天而来的哀怨愁思，区区这一只轻舟如何能负载得起呢？

浮生只如白驹过隙，转瞬间欢笑已然湮灭成尘。身畔的一切也仿佛都随着这春光轻轻逝去，只留下那挡不住的孤独，沁透了薄薄的衣衫，深入骨髓。时间如指间沙一般，握也握不住，只能任它缓缓滑落。当垂垂老去的时候，或许才会明白，有些东西，已经再也回不来了。

如梦令·昨夜雨疏风骤

宋·李清照

昨夜雨疏风骤，浓睡不消残酒。
试问卷帘人，却道海棠依旧。
知否，知否。应是绿肥红瘦。

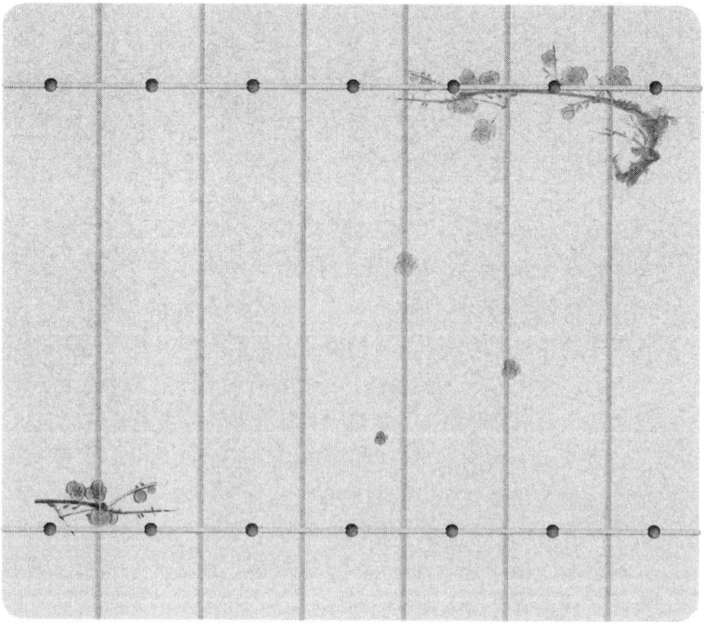

『词中意』

我宁愿相信，这首词是少女李清照的心情笔记。这个时候的李清照正是骚动不安的年纪，陷入一种说不清道不明的迷茫和怅惘之中。李清照出身书香门第，有着天生的诗人气质，较之寻常女子又多了一颗玲珑心。诗情袭来的时刻，少女李清照就像那夜里的喜鹊，激动得不得了，美妙的灵感拍打着翅膀热烈地包围着她，星光一样闪闪烁烁，让她非拿起笔来洋洋洒洒写个酣畅淋漓才觉得痛快。

这样一个活泼率性、元气饱满的生命，这样一个天性奔放、热爱自由的女孩子，在她懵懂的青春期里，自然会见花动心、逢雨落泪。那些时光流转的细枝末节，那些人们时常忽略的地方，总能牵惹着少女内心的潮起潮落。就像那后花园里的雨疏风骤、海棠花的绿肥红瘦，总让一位清瘦少女心思婉转，多情牵挂。

怨王孙·春暮

宋·李清照

帝里春晚。重门深院。
草绿阶前，暮天雁断。
楼上远信谁传。恨绵绵。

多情自是多沾惹。难拼舍。又是寒食也。
秋千巷陌，人静皎月初斜。浸梨花。

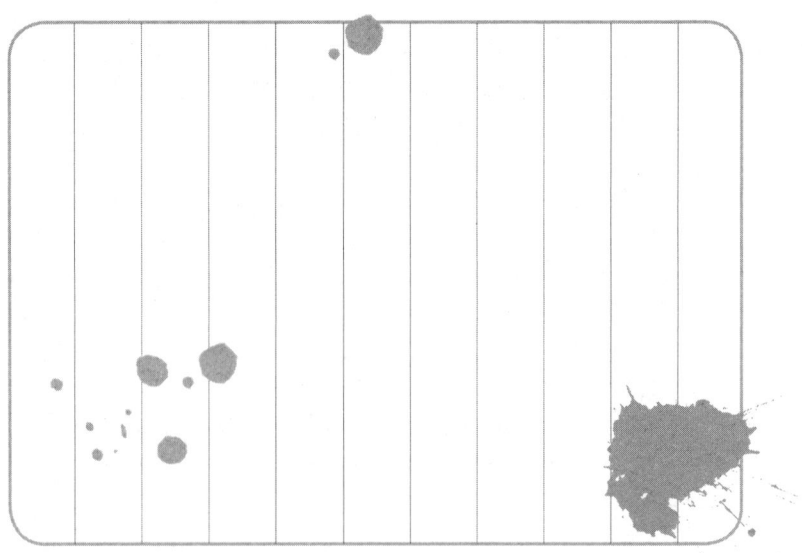

『词中意』

崇宁二年，赵明诚出仕，随之而来的是长久的离别。李清照嫁给赵明诚不过两年，这两年却是他们生命中最为甜蜜美好的时光。他们珍视如晨曦般美好的现在，却远没有看到那晦暗不明的未来。

现时的春光，渺淡如烟。曾经的缤纷颜色，早已消逝得无影无踪，像是那些捉不住的欢笑。庭院深深，是望不穿的寂寞，如同夕阳下拉长的影子。

李清照并非一心想让夫婿出将入相，对于清贫，她安之若素，而官宦生涯对于赵明诚来说，亦非热衷，一同细品那些笔墨中的悠长意蕴、那些刻字里的古朴劲直，那种心灵相通的会意和温馨，才是他们真正的乐土。

又是暖风习习、杨花沾衣，巷道中的秋千在寒食的风中轻轻摇摆，如同某种思念的情绪，在静默无声中缓缓扬起，弥漫四处。“秋千巷陌，人静皎月初斜。浸梨花。”原来，相思竟然也可以这么美。

浣溪沙·莫许杯深琥珀浓

宋·李清照

莫许杯深琥珀浓，未成沉醉意先融。疏钟已应晚来风。
瑞脑香消魂梦断，辟寒金小髻鬟松。醒时空对烛花红。

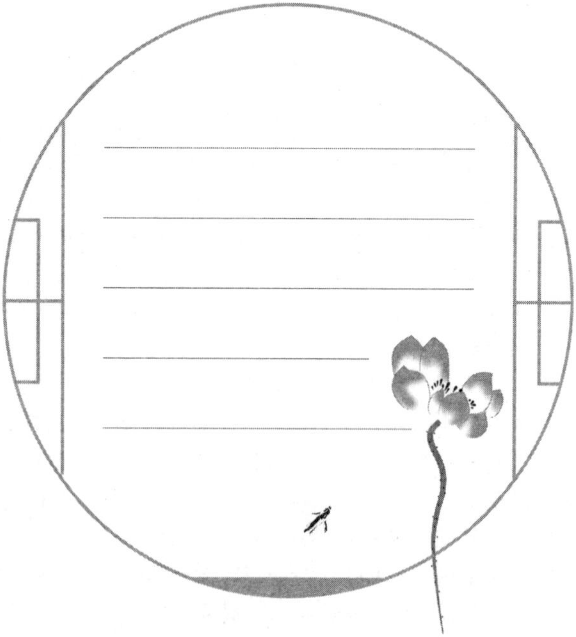

『词中意』

深沉的夜，李清照醒来，忽觉窗纱微凉。此时的她着一身单衣，烛光如豆，长街十里不知此夕冷暖。她轻轻叹息，继而起身推开窗，抬眸望向远方，恍惚一切还是最初的模样。

时光蓦地回转到从前那些回首嗅青梅的日子，深院秋千，门外篱笆，高台水榭，年少风华，醉点朱砂，再痛饮一杯东篱酒。溪亭日暮时候，她兴尽后匆匆归来，惊起一滩鸥鹭，惊起一地浮光片影。如今红尘千丈，恍然若空。时光继续回转，李清照遇见了那个翩翩少年郎，与他赌书泼茶、笔墨生香。而后一纸功名，两处闲愁，经过漫长的颠沛流离，故人终长绝。夜夜的痛苦梦魇是国破家亡、山河易色，是恩爱缠绵、至死不渝的缱绻怀念……啪，灯花落了，魂梦也断了……

再也续不起旧梦，再也换不回柔情。夜来风晚，心思肆意蔓延。此夜明月西斜，风霜瓦冷，若为情，有泪如倾。此刻所有难以启齿的眷恋化为从指尖流露出的点点伤痛，千般无奈，万般思念，娇若梨花，婉似蒹葭。

菩萨蛮·风柔日薄春犹早

宋·李清照

风柔日薄春犹早，夹衫乍著心情好。
睡起觉微寒，梅花鬓上残。

故乡何处是，忘了除非醉。
沉水卧时烧，香消酒未消。

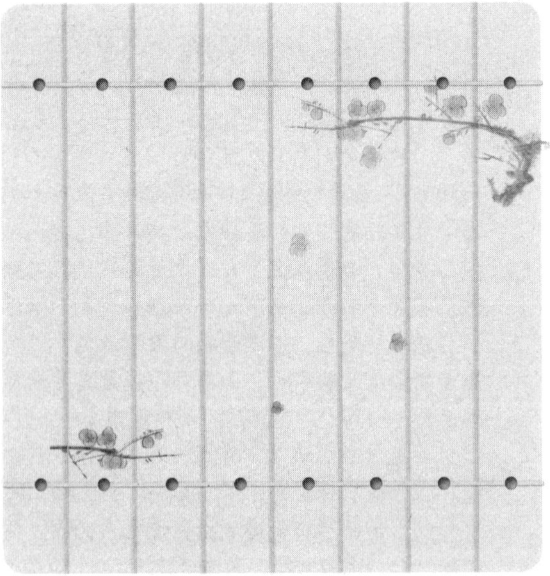

『词中意』

此词是作者晚年的作品，抒发了深切的思乡之情。

有人说，故乡是枕边的一壶老酒，香味搁在心底，却永远不会醉倒。也有人说，故乡是窗前的一缕月光，越是想忘却，越是看得清。因为心情，因为伤悲，常常便是酒不醉人人自醉，不知身在何处。思念家乡的情怀，自古让人心酸，自结婚后，李清照很少回故乡，那里有她纯真的童年，还有最初的心动。在那里，她邂逅了赵明诚，记下了自己儿时的天真和烂漫，也记下了自己的初恋，在那里 21 岁的赵明诚与李清照结为伉俪。

人到中年，经历风雨、历经沧桑之后，李清照才知道自己是如此深爱着老家，深爱着赵明诚。阵阵痛楚宛如一个个病菌，一点点地腐蚀着她的身心，让他欲罢不能，只能借酒消愁。

醉花阴·薄雾浓云愁永昼

宋·李清照

薄雾浓云愁永昼。瑞脑销金兽。
佳节又重阳，玉枕纱厨，半夜凉初透。

东篱把酒黄昏后。有暗香盈袖。
莫道不销魂，帘卷西风，人比黄花瘦。

『词中意』

一年一度重阳节，那也曾是年少的她心中盼望的一天。今年重阳节，她却恹恹地提不起精神。院里菊花开得正好，满眼金黄却灼得她双眸酸痛难忍。第几杯酒了？她已记不清，眼前恍惚出现那人的身影，正笑意盈盈地向她招手……

案上的小兽金炉里，沉水香正散发着袅袅香气，把她的酒熏醒了大半。她踉踉跄跄地走向书案，几乎在半醉半醒间，那阕词狂草而就，她自己早已飞越千里，飞到她日夜思念的故都东京——那高高的相府大院，东厢房里那人正在挑灯夜读……

细心将词折叠，转身走出房门。室外，亲人们早已派人来喊了她数次。重阳佳节之夜，家人欲以一份热闹来驱赶她别亲离家的相思与寂寞。

那年她和他新婚不久，正是情浓如酒，丈夫赵明诚便“负笈远游”，深闺寂寞，她深深思念着远行的丈夫。

一封封信寄过去，信中夹着她写下的词，他的回信飞到她的案上，透过那纸狂草，她甚至能想象到他的样子。他以她为荣，她原该高兴的，可多么奇怪，她的双手在那个时刻背叛了她，它们抖成秋风中的落叶，她的眼睛也背叛了她，努力隐忍的眼泪不争气地涌出来……

一下，又一下……却是每一下都似在撕扯她的心。秋风起，满院依旧是流金似的秋光。她的黄花却在心中一瓣瓣落了。

木兰辞·拟古决绝词柬友

清·纳兰性德

人生若只如初见，何事秋风悲画扇？
等闲变却故人心，却道故人心易变。
骊山语罢清宵半，泪雨霖铃终不怨。
何如薄幸锦衣郎，比翼连枝当日愿。

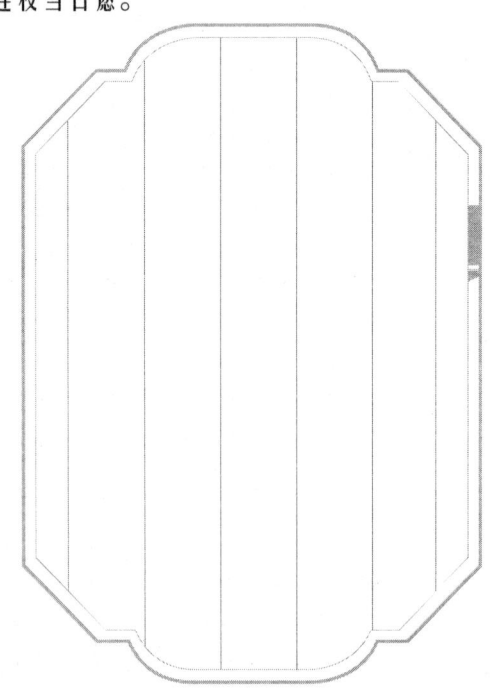

『词中意』

与意中人相处应当总像刚刚相识的时候，是那样甜蜜，那样温馨，那样深情和快乐。但你我本应当相亲相爱，却为何成了今日的相离相弃？如今轻易变了心，你却反而说情人间就是容易变心的。

我与你就像唐明皇与杨玉环那样，在长生殿起过生死不相离的誓言，却又最终作决绝之别，即使如此，也不生怨。但你又怎比得上当年的唐明皇呢，他总还是与杨玉环有过比翼鸟、连理枝的誓愿。

这首《木兰辞·拟古决词柬友》常被当做爱情诗来读，其实不然，道光十二年结铁网斋刻本《纳兰词》里看到词牌下边还有这样一个词题：“拟古决绝词柬友”，也就是说，这阕词是模仿古乐府的决绝词，写给一位朋友的。现在一般认为这个朋友就是指容若公子的知己，当时另一位诗词大家顾贞观。

金缕曲·赠梁汾

清·纳兰容若

德也狂生耳。偶然间，缁尘京国，乌衣门第。
有酒惟浇赵州土，谁会成生此意。不信道，遂成知己。
青眼高歌俱未老，向樽前，拭尽英雄泪。君不见，月如水。

共君此夜须沉醉。且由他，蛾眉谣诼，古今同忌。
身世悠悠何足问，冷笑置之而已。寻思起，从头翻悔。
一日心期千劫在，后身缘，恐结他生里。然诺重，君须记。

『词中意』

上天让纳兰容若在爱情中受尽了伤，还好还他一个知己。那一年顾贞观不但将沈宛带进纳兰容若的生命里，自己与纳兰容若也一见如故，随即执笔题词，一唱一和，一来一往，成全了彼此的陌上花开。

渌水亭道别之后，接连几天容若的心一直无法平静。在一个风和日丽的下午，容若终于挥笔在一幅《侧帽投壶图》的画幅上题下一首《金缕曲·赠梁汾》，差人送给顾贞观。

顾贞观仔细读着词赋，带着些许意外，瞬间觉得四十年的光阴恍如虚度，而虚度的四十年，只为迎接他的到来，所谓的一见如故也不过如此。

纳兰容若行事世人皆不解，但人生得顾贞观一知己，纵旁人不解又何妨？

玉楼春·别后不知君远近

宋·欧阳修

别后不知君远近。触目凄凉多少闷。
渐行渐远渐无书，水阔鱼沉何处问。
夜深风竹敲秋韵。万叶千声皆是恨。
故欹单枕梦中寻，梦又不成灯又烬。

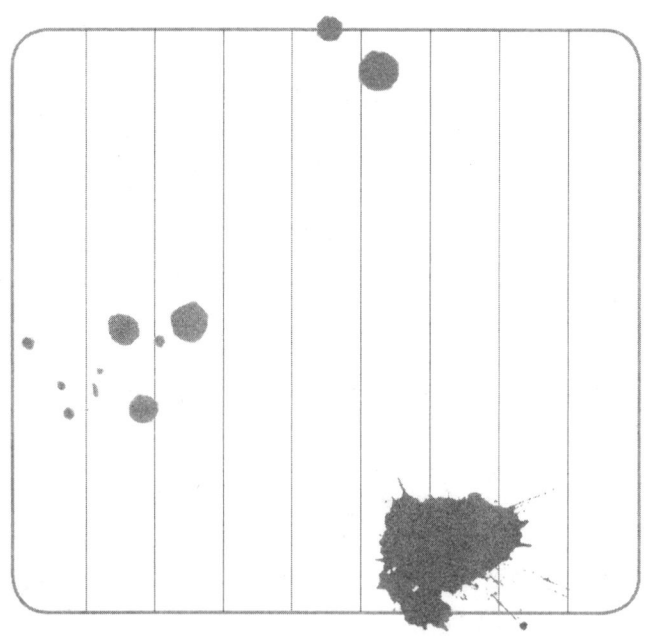

时光深处，一个寂寞单薄的身影独倚小楼，殷殷期盼着良人归来。自君别后，很久没有音信，所以她甚至不知他离家有多远。“渐行渐远渐无书”，三个“渐”字叠用，将她的思绪由小楼推到不知名的远方，然而水阔鱼沉，她的思念又该向谁诉说？

她没有熄灭小楼上的孤灯，只是倚着孤枕想快些入梦，这样就能暂时忘记现实中的愁苦。

梦里，她仍待字闺中，趴在窗边看海棠花开。海棠刚着了雨，白中带红，更加惹人怜爱，她怎么也看不够。一晃她就到了嫁人的年纪，隔着微微透明的红纱，第一次看到他，脸一下子就红了。新婚宴尔，他读书时，她会坐在一旁安静陪着，说不出的缱绻温柔。

梦中总是那么美好，梦断了，一切都销声匿迹。她的目光越过层叠的黄叶，隐隐看到山峦的尽头，但她所牵挂的身影在这之外。目光不能及也不要紧，她的心早已随他到了山峦之外，到了她从未见过的地方。

孤枕难眠的每个夜晚，只身远行的每个白昼，都是等待。在漫长的等待之后，会是什么结局？

或许，他归来的那天，她会欣喜地对镜梳妆；或许，他回家的那天，她早已香消玉殒；或许，她从明媚鲜妍的年华等到白发苍苍的迟暮……对于浩浩的历史烟尘，他们是渺小的，不能惊起时间长河里的一朵小小浪花，然而对于他们，彼此便是所有。

时光匆匆而过，那倚楼远眺的身影，像年代久远的水墨画，淡得难以看清。但至少在文人的一阕词中还能看到那两个身影，他们还在等待彼此守约。

在北题壁

宋·赵佶

彻夜西风撼破扉，
萧条孤馆一灯微。
家山回首三千里，
目断天南无雁飞。

曾几何时，他是大宋国君，有蔡京、童贯、高俅这些人在，军政大事从不要他费心，他安稳坐拥大宋江山，以为这盛世繁华永不会停歇。

为收复失去多年的燕云之地，他决定对欺辱大宋多年的辽国发动战争，可万万没想到这次出击居然一触即败。为了维护帝王尊严，他不惜花费数十万金银从胜利的金军手中换取燕云之地，经过多方努力，终于收回了一个残破的空城。他有些沾沾自喜，觉得自己已超越了其他君王，大宋强大而繁盛，不再需要他费心了。直到有一天，越来越强大的金国像匹蠢蠢欲动的饿狼，狂吼着发兵而来。仓促之间他只好躲在儿子身后，做起了太上皇。他指望儿子能保护他，指望着曾在他面前夸夸其谈的臣子们来挽救这一切。可是摇摇欲坠的都城终于在饿狼凶猛的攻击下轰然倒塌，他只能向着远离故土的北国而去。

今夜他静静站在雪中，缓缓望向南边，那是家的方向，自从离开后再没勇气看一眼的方向。他终于有勇气回顾，那里恐怕再也回不去了，他颤抖着在雪地上写下："彻夜西风撼破扉，萧条孤馆一灯微。家山回首三千里，目断天南无雁飞。"

若有来生，再也不要做皇帝了，要流连花间，寄情书画，逍遥一生。他对着飞扬的雪花默默诉说着，也等待那终将不远的结局到来。

次荆公韵四绝

宋·苏轼

骑驴渺渺入荒陂，
想见先生未病时。
劝我试求三亩宅，
从公已觉十年迟。

苏轼与王安石，一样忠肝义胆，侠骨柔肠。同朝为官、同殿相遇，一样诗词文赋运墨如飞，即便暗自钦佩对方，但截然不同的政见立场拦在他们中间，成了一道难以逾越的鸿沟。

春华秋实的日子，别人流连花酒，王安石却将精力尽付书卷，只图大宋江山繁花似锦。当他兴致勃勃地提出变法时，仁宗蹙着眉一口否决。

他揣着这份失意请旨离朝为官。他在等，等一位慧眼识珠的皇帝。不想，这一等就是十年。神宗一道圣旨，震惊朝野的变法横空出世。本是志同道合的知己，可苏轼偏偏不认可他的主张，甚至上书直指新法的弊病。

变法以失败告终，曾经的满腔热血在尔虞我诈的官场被消磨殆尽，王安石心灰意冷，决心把这老病之身隐在田园之中。

然而红尘世事总让人猜不透，一纸子虚乌有的控诉把苏轼送进了囹圄。苏轼怎么也没料到，不问红尘的王安石竟摒弃前嫌，情词恳切上表请求神宗放过苏轼。

这年，苏轼从黄州到汝州的途中经过金陵，念及王安石的恩情，专程前去拜谒。王安石“野服乘驴”和苏轼同游钟山。二人在修竹茂林间相对而坐，谈诗词、论佛理；在林泉溪涧把酒临风，抚绿绮、弄婵娟；远离了朝堂的钩心斗角，恩怨是非早已在山明水秀间云淡风轻了。王安石感念这份相惜，写了一首小诗。

当下，王安石力邀苏轼同留江宁，奈何苏轼尚未有归隐之心，不得不婉拒王安石的一番情意。

短短月余，苏轼又北上赴任。渡口依依，送不尽万千离愁，可惜，相见恨晚的两个人，这一别，再也没能相逢在红尘的道场。

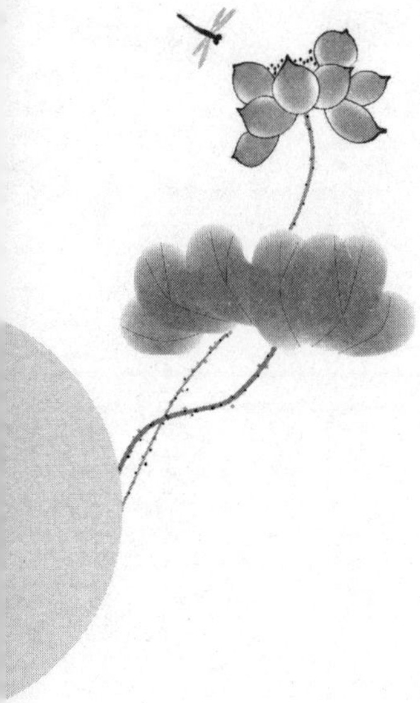

第二章

多情却似总无情

留别妻

汉·苏武

结发为夫妻，恩爱两不疑。
欢娱在今夕，嬿婉及良时。
征夫怀远路，起视夜何其。
参辰皆已没，去去从此辞。
行役在战场，相见未有期。
握手一长叹，泪为生别滋。
努力爱春华，莫忘欢乐时。
生当复来归，死当长相思。

『诗中意』

出使之事前途未卜，苏武百般焦灼。堂前百花盛放，屋后碧海青天，妻儿在侧，实为圆满，如今却是这番“行役在战场，相见未有期”，临行前的忧伤，饱满得宛若推开窗看见天淡夜凉、月光满地时的惆怅。

幸好，自从成为夫妻的那一日起，彼此从未动摇过厮守到老的决心，结发为夫妻，恩爱两不疑。

此刻，曾经光芒灼灼的男人，在面对看似风光无限、实则遥遥无期之行时，有的不是其后手握旌节的高风亮节，而是用“生当复来归，死当长相思”的浓浓心意谱写了一首世间万般美妙的爱情告白。

佳人歌

汉·李延年

北方有佳人，绝世而独立。
一顾倾人城，再顾倾人国。
宁不知倾城与倾国，佳人难再得！

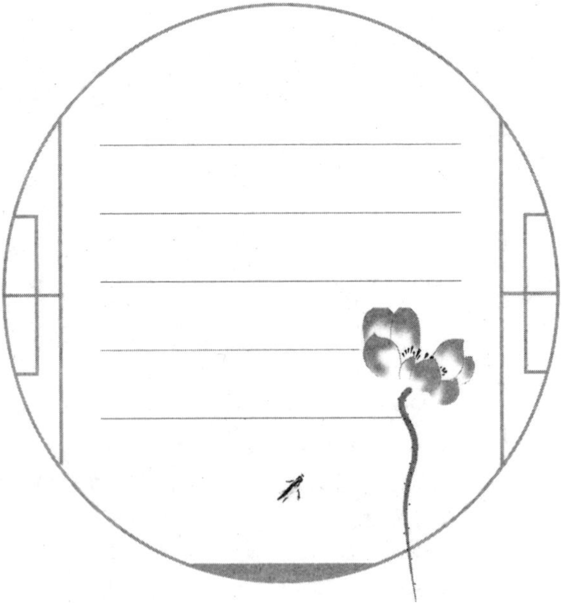

『诗中意』

平阳公主府中宴席上，一大群庸脂俗粉的莺歌燕舞之后，大堂的灯突然全熄，不久，只见舞台中央缓缓滑下一束雪一样洁白的光柱，光柱中央隐隐伫立着一个绝代美人，定睛仔细一看，那美人虽男扮女装，却也艳若桃李，芳华绝代，尤其是半道清寂的雪光映在他那美艳的面孔之上，如妖、如鬼、如魅。正当众人陶醉于男伶那靡丽的美态之中时，只听那舞台中央隐隐传来一阵婉转而绝美的歌声：北方有佳人，绝世而独立。一顾倾人城，再顾倾人国。宁不知倾城与倾国，佳人难再得！

这是李夫人的出场，只是再美丽的花朵，也争不过姹紫嫣红的满庭芳菲。而她唯一的资本就是美丽，李家的所有恩宠也由此得来。偏偏一病之下，形容憔悴，佳人难再得！

汉武帝下令将李夫人用皇后礼安葬，又让画师将她生前的音容笑貌画下来，挂在甘泉宫，日日对像思人，极尽哀伤。以色侍人，她得到了自己想要的东西，可却不曾幸福过。

悼亡诗

晋·潘岳

如彼翰林鸟，双栖一朝只。
如彼游川鱼，比目中路析。

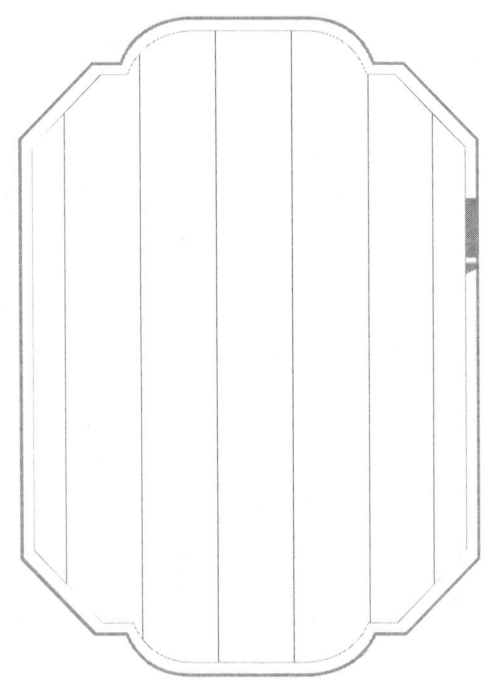

『诗中意』

翩翩公子潘岳迎娶了年少时便已订婚的杨容姬，本以为是一世良缘，却因杨氏亡故而仓促结束。鸳鸯头未白，却失伴独飞，短短二十载，对想要一生一世的他来讲，怎么够。

古人未有夫为妻守丧之说，可他偏要守丧一年，期至也不愿离家，只因那里有她留下的气息。然而公务在身，他身不由己，临行之前，难免触景生情。家中一草一木皆是夫妻二人曾经美满生活的见证，如今只剩草木无言，空守着零落宅院。心中悲痛之情，旁人难以体会。

目光穿过房梁，转过回廊，直蜿蜒到他们曾双宿双栖的卧房。一阵恍惚，仿佛妻子还活着，但曾经岁月静好却再难寻觅。他能做的，只有为她写诗。

每段爱情都传为佳话，但潘安用情之专却尤其让人感动。在杨容姬生前，潘安没有纳妾，弱水三千只取一瓢，只想与她做一对游川鱼携手百年，她死后，潘安也终生没有续弦。他年复一年地怀念着她，在诗中追忆着那些神仙眷侣般的美好日子，缅怀他逝去却永存的爱情。

十离诗·笔离手

唐·薛涛

越管宣毫始称情，
红笺纸上撒花琼。
都缘用久锋头尽，
不得羲之手里擎。

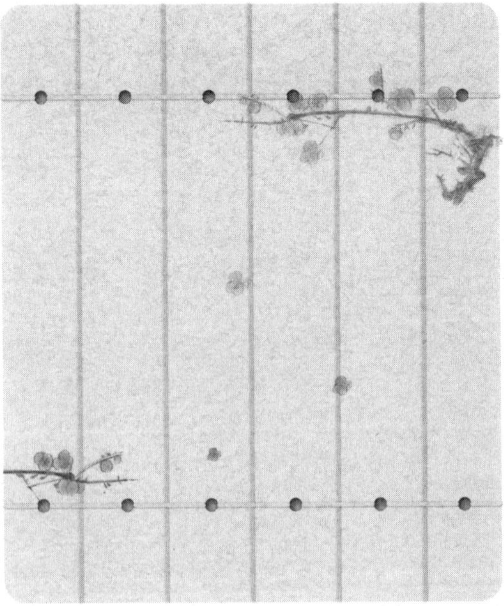

薛涛16岁入乐籍，那时的她，是乐宴里一只灵动的金丝雀，杨花曼舞，吟诗酬对。在绮丽的青春里，遇上了剑南节度使韦皋，他给了她提携，给了她一个物质丰裕衣食无忧后更广阔的舞台。但薛涛之于他，不过是蜀江荡涤繁华的一出暧昧，他给不了她婚姻的誓言，亦不会把心交托给她，但又不能忍与自己暧昧的女人在其他男子身边流连周旋，于是他一纸书将薛涛罚到了松州。

如果说先前薛涛在与韦皋的往来里原本还存有爱情的幻想，这一次松州之行，却叫她清醒了，走在阴冷逼仄的山路里，风餐露宿，月光照见自己卑微的身份，她落笔写下了“十离诗”。

寄人篱下，依附于他人生存，黛玉可以唱花谢花飞的悲戚，薛涛不可以，纵使才高八斗，心比天高，到底身如浮萍，敛了内心的苦涩，唯有在荆棘丛生的尘世里虚与委蛇。聪颖冷静如她，怎会不知，自由是主人给的，金丝雀到底飞不出笼。男人记恨她忘记自己的身份，逾越出暧昧的界限，一个官伎的命运生死，终究还是由这个男人一手掌控。所以她用犬、笔、马、鹦鹉、燕、珠、鱼、鹰、竹、镜自比，把自尊放到最低，用十声悲叹，最终赢取了韦皋的不忍，又将她召回成都。几年后韦皋终因战功卓著，依旧毫无留恋地离了蜀地。她是官伎，亦是红尘里等爱寻爱的平凡女子。在最艳丽的青春里，她一直停停走走，且行且珍惜，寻找爱情的颜色。

离思五首·其四

唐·元稹

曾经沧海难为水，
除却巫山不是云。
取次花丛懒回顾，
半缘修道半缘君。

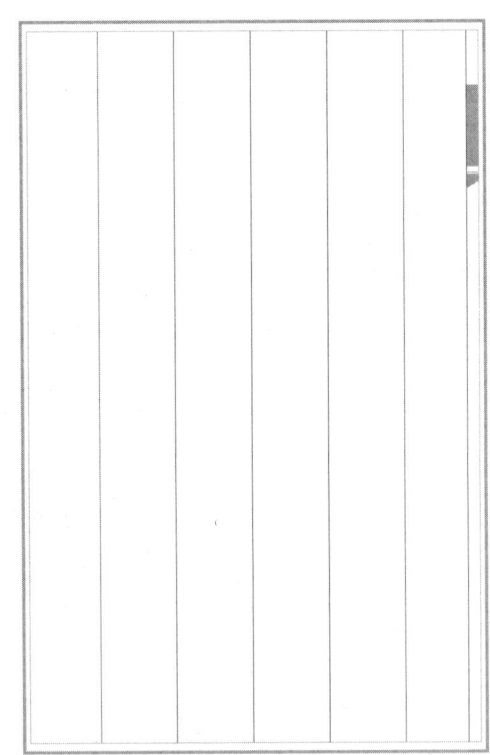

『诗中意』

以沧海之水和巫山之云隐喻爱情之深广笃厚，见过大海、巫山，别处的水和云就难以看上眼了，除了诗人所念、所钟爱的女子，再也没有能使他动情的女子了。这首诗也因这种高标独特的比喻而在人们口中传唱不朽。

诗人的这个“心上人”，据说是双文，即诗人所写传奇《莺莺传》中莺莺的原型，诗人因双文出身寒门而抛弃她后，有八九年“不向花回顾”。又有人说此诗是为悼念亡妻韦丛而作，韦丛出身高贵，美丽贤惠，27 岁早逝后，诗人曾表示誓不再娶。后人引用这两句诗，多喻指对爱情的忠诚，说明非伊莫属、爱不另与。全诗言情而不庸俗，瑰丽而不浮艳，悲壮而不低沉，创造了唐人悼亡绝句中的绝佳境界。

寄赠薛涛

唐·元稹

江滑腻蛾眉秀，幻出文君与薛涛。
言语巧偷鹦鹉舌，文章分得凤凰毛。
纷纷辞客多停笔，个个公卿欲梦刀。
别后相思隔烟水，菖蒲花发五云高。

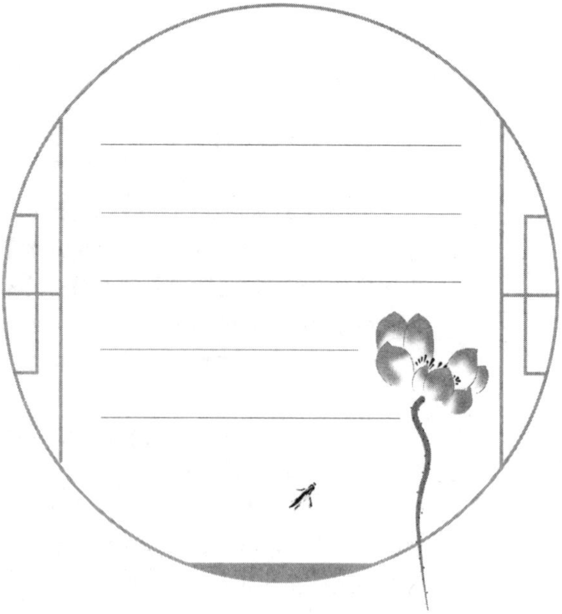

『词中意』

韦皋离了蜀地，节度使来了又换。薛涛遇见了武元衡，遇见了段文昌，他们是剑南诗酒里隔座的逢迎，不是她的爱情。

元和四年薛涛已逾四十。那年，他来了，绮筵华堂中相见。年方三十的御史元稹，一身才名，该是春风洋溢的样子，却独自沉浸在记忆之海，不断打捞往事星辰，薛涛站在他的故事里聆听，却懂了他的痴，也动了如梦似幻的念。

她唤着他的名，她以为那样的痴可以让他为她停留，造一个鸳鸯织就欲双飞的梦，许下朝暮共度的愿。春景易逝，元和五年，元微之被贬江陵府。薛涛用《赠远二首》写下了对元微之的相思。而元微之那一刻也是动情的，许出别离的誓言："别后相思隔烟水，菖蒲花发五云高。"

这一句倒像是薛涛的念语：菖蒲花随意绽放的季节，能够遇见你，是我在荒凉寂静的沙洲上仰望到的幸福。

赠别二首·其二

唐·杜牧

多情却似总无情，
唯觉樽前笑不成。
蜡烛有心还惜别，
替人垂泪到天明。

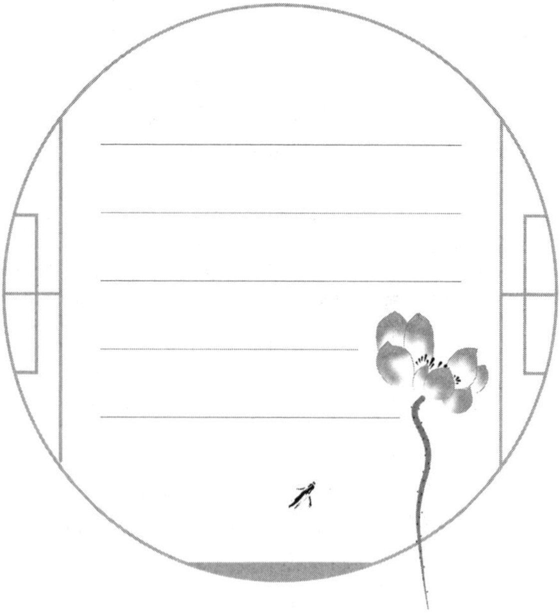

『诗中意』

大和七年，伫立千年的古城扬州等到了青衫白马斜挎长箫的他。31岁是一个男子风华正茂的年龄，那一年淮南节度使牛僧孺辟他为推官，任转掌书记。大和九年，杜牧要离开扬州赴长安任监察御史，某个临别的夜，面对着相爱的女子，他写了《赠别二首》。

彼时的妙龄歌女情窦初开，倚在西窗前轻垂了眉眼。她多想开口留住眼前这个人，却只能缄默不言。二十四桥上的惊鸿一瞥，于她是刻骨铭心的悸动，于她却不过是浮生里的一段邂逅。只好再次拨着琴弦，最后为他清歌一曲，期盼他能将自己记得久一些，可琴声未歇，歌声已哽咽。

漫长又短暂的夜晚，他一次又一次剪去红烛里多余的灯芯，那灯芯是有情还是无情？最后，他也只能轻叹："蜡烛有心还惜别，替人垂泪到天明。"

从此春风十里的扬州城，当他再度回想起那位豆蔻之年的少女，便总会忆起那一晚惜别之时的烛光，映着她清秀的容颜，泪珠点点。

章台柳

唐·韩翃

章台柳，章台柳，
昔日青青今在否？
纵使长条似旧垂，
亦应攀折他人手。

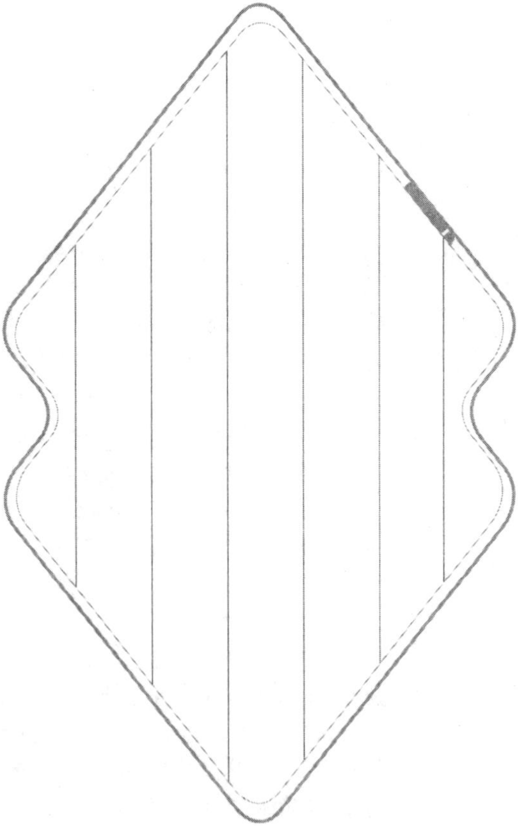

言及送别，言及柳，便不能不提著名的“章台柳”。大唐天宝年间，才子韩翃家境贫寒，弱冠之年进京，寄居在朋友家中。日久，竟与朋友家的歌伎柳氏渐生情愫。朋友也好心玉成佳偶，将柳氏慷慨赠予韩翃。柳氏持家有方，照顾韩翃起居无微不至，鼓励他努力进取。终于，天宝十三年，韩翃不负所望进士及第。

及第后，韩翃离京省亲，旋即安史之乱爆发，兵马恣意践踏昔日锦绣之地。妙龄如花而又独守家中的柳氏日夜忧惧，寝难安寐。日夜空眺，等不到夫君归来，唯有想方设法自救。

据说韩翃曾千方百计托人找到她，给她带去一袋金和这首诗。柳氏捧金呜咽，时局安稳后，躲过乱军蹂躏的她，又被番将沙吒利抢进府中。后一番波折，患难夫妻，终得团圆。

寒食

唐·韩翃

春城无处不飞花，
寒食东风御柳斜。
日暮汉宫传蜡烛，
轻烟散入五侯家。

『诗中意』

历经波折，夫妻终团圆，本欲携妻归隐乡里的韩翃，因一首诗声名远播，甚至惊动了当朝皇帝，遂被钦点为中书舍人，只好复出做官。柳氏结局如何，则再未出现于任何记载中。以其低微出身，定难享朝廷诰命。故事讲到有情人打算双双遁入山林，便应作罢，多一句皆成画蛇添足。要知，再美好的爱情，于“名分”二字面前，亦不免犹疑尴尬。只是，有月缺，必有月圆。

谢赐珍珠

唐·江采苹

桂叶双眉久不描，
残妆和泪污红绡。
长门自是无梳洗，
何必珍珠慰寂寥。

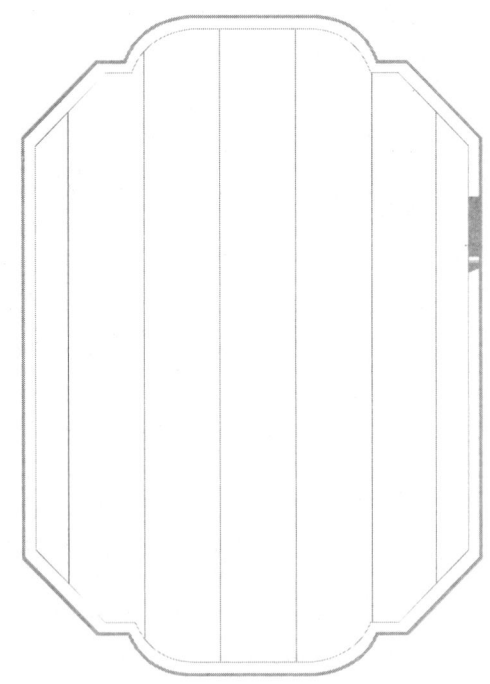

江采苹天生丽质难自弃，因为爱梅，玄宗封她为“梅妃”，为她建梅亭，遍植梅树。

这段爱情持续了近十年。但梅花注定不敌牡丹，杨玉环轻易地将玄宗的视线引了过去。最初梅妃是不服输的，她要守护自己的爱情，终于，对梅妃已是意兴阑珊的玄宗在杨妃的教唆下，将其贬至上阳宫。

梅园仍在，梅树已枯，她唯一能做的便是等待，后来，她恍惚间想起汉宫的陈阿娇千金买赋的故事，自己写了一篇《东楼赋》呈于玄宗。

玄宗看到那赋文恻然了一下，命人封了一斛珍珠悄悄赏给梅妃。望着那斛晶莹的珍珠，她终于明白，即使自己忍住疼痛割开伤口写下赋文，那心头的血仍唤不回他决绝远走的心。但若爱已不再，再昂贵的珠宝亦温暖不了她那颗冰冷的心。她提笔写下这首诗：“桂叶双眉久不描，残妆和泪污红绡。长门自是无梳洗，何必珍珠慰寂寥。”命人将诗与珍珠一起退还给玄宗。玄宗竟命梨园子弟将梅妃的这首《谢赐珍珠》谱上乐曲，在宫中传唱，名曰《一斛珠》。男人一旦不爱了，决然的冷酷竟如黄河之水天上来一般汹涌，让她情何以堪？

无题

唐·顾况

花落深宫莺亦悲，
上阳宫女断肠时。
帝城不禁东流水，
叶上题诗欲寄谁？

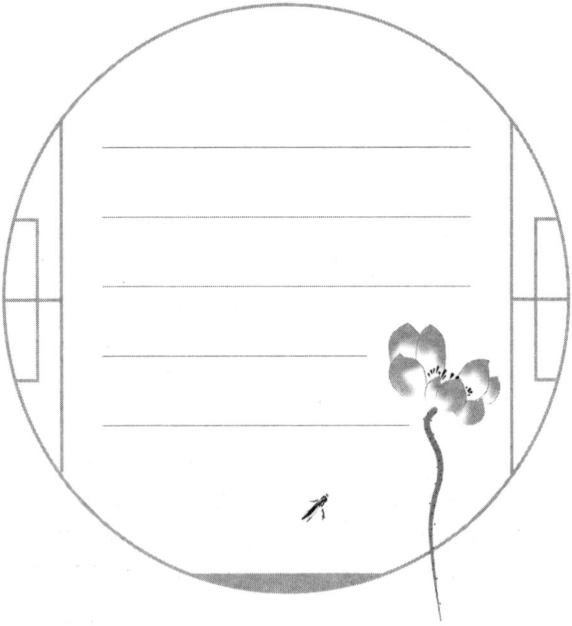

『诗中意』

相传在唐天宝年间的一个秋天，身在洛阳的年轻诗人顾况拾得从皇家宫女所居上阳宫水道流向下水池的一片红叶，叶面上有宫女题写的哀怨诗：“一入深宫里，年年不见春，聊题一片叶，寄与有情人。”爱意萌动的诗人也赋诗一首写于红叶之上，并将这片红叶从上水池传进宫内，竟然真的和那位哀怨的宫女取得了联系。此后顾况和这位宫女二人经常凭借红叶传送爱恋的心声。不久安史之乱爆发，官兵为抵挡叛军安禄山进行了为期 60 天的“洛阳保卫战”，最终失败，顾况趁战乱找到那位与他传诗的宫女，并帮她逃出上阳宫，二人结为连理白头到老。从此红叶被视作坚贞不渝的爱情象征传咏至今。这段甜美的爱情故事也被称作“下池轶事”在洛阳古城流传。

燕台诗

唐·李商隐

风光冉冉东西陌，几日娇魂寻不得。
蜜房羽客类芳心，冶叶倡条遍相识。
暖蔼辉迟桃树西，高鬟立共桃鬟齐。
雄龙雌凤杳何许？絮乱丝繁天亦迷。

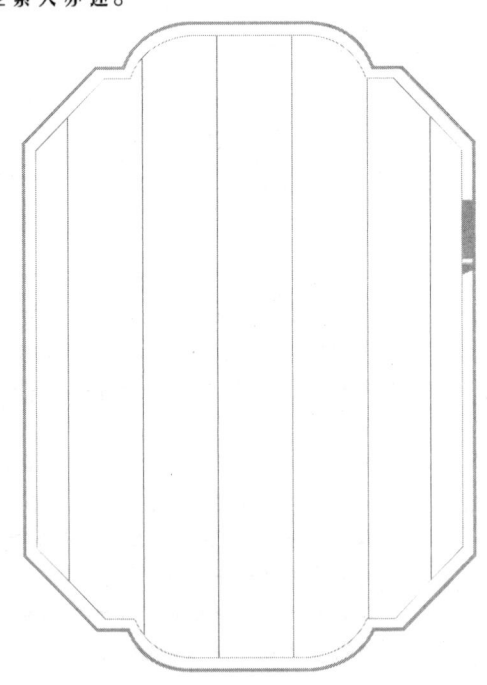

『诗中意』

某日，柳枝意外听到有人吟诵李商隐的《燕台诗》，那些美好的诗句瞬间夺走了她的心，听得她心若潮起，急切托人向李商隐乞诗，并将诗题在裙带上。

多情的李商隐听闻此事，心中顿生怜惜。他牵马走出巷道，见迎面一个梳双髻的少女，立在不远处的窗棂下，向他盈盈微笑。心间似有热流袭过，他想这女子定是柳枝。

彼时在柳枝心底，眼前这少年是那样卓尔不群。他的诗已让她怦然心动，人又如此姿仪秀伟、儒雅英俊。她鼓起勇气，向那个目不转睛盯着她的少年许下三日后相会之期。

但她鼓起勇气豁出一切不管不顾地表白了，最终却换来他的不辞而别。后来李商隐为她写了一组诗，算是迟到的赠答。但曾允诺的相会一经错过，便前尘隔海，再也无法兑现了。他多想让时光回流，回到那一天。在巷口，她垂手而立，盈盈笑着，含羞看他。然后，她微启朱唇。那时，阳光落了她满脸，浮光里的她，那样美丽生动。

如意娘

唐·武则天

看朱成碧思纷纷，
憔悴支离为忆君。
不信比来常下泪，
开箱验取石榴裙。

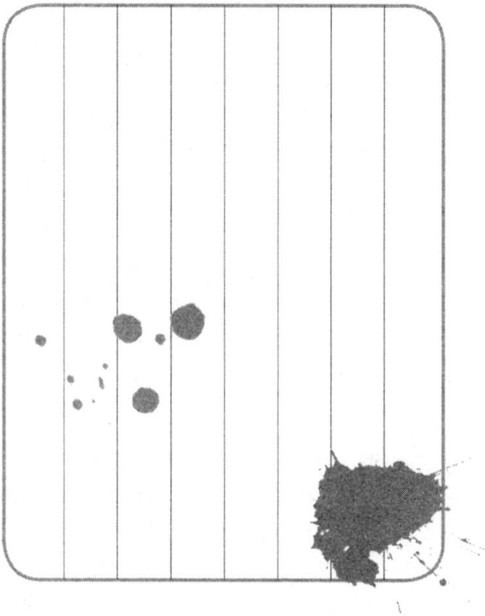

『诗中意』

读这首诗时，总在不经意间想到那个感业寺里长伴青灯古佛的女子。这首诗，应是武则天被迫在感业寺出家时写的。当时，唐太宗驾崩，作为太宗嫔妃的她，既无高贵名分，又无子女傍身，面临的不是青灯黄卷的古寺，就是寒雨秋窗的冷宫。无论是身在佛寺，或是幽居别院，都是她最忐忑不安的时刻。

李治当上了皇帝，也曾信誓旦旦，但他身边珠围翠绕，想起她的机会又有多少？这时的她，已经26岁了，她没有多少时间再等了，唯有释放前所未有的柔情，做最后一把无奈的赌注。

诗里，满溢着她的痴情，尽显小女子的情思。她的爱，那么真挚，那么痴狂，那么不顾一切。而被她这样怀想着的李治，又怎能不为她动情，以致后来大动干戈呢？

后来王、萧争宠，王皇后自以为是地将她从寺里接回宫中，曾经的柔弱女子武媚娘，抓住了命运赋予她的绝佳机会，一点一点攫取李治手中的权力，直至登上帝位。

死的时候，她下诏去“皇帝”称号，仍做回李治的皇后，要同葬一穴。

不知临终时，她是否会想起那首早年写下的诗。曾经那么情真意切，只想做个幸福小女子。后来身不由己，不甘于此，于是翻云覆雨。然而最后，她选择躺在他身侧。哪怕曾经独掌天下，最后也还是想做他的枕边人，如此而已。

述国亡诗

五代·花蕊夫人

君王城上树降旗，
妾在深宫哪得知。
十四万人齐解甲，
更无一个是男儿。

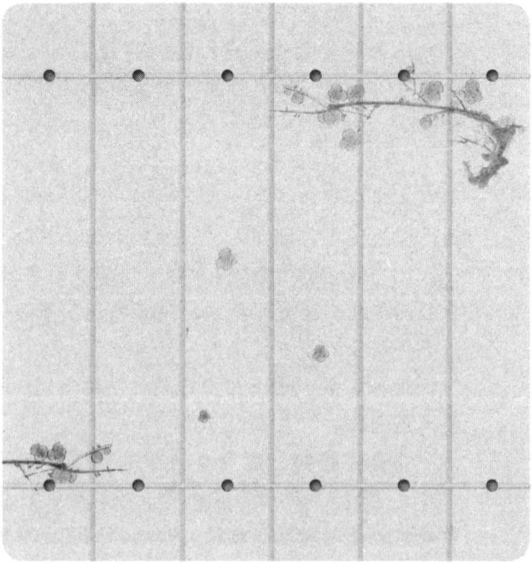

花蕊夫人是后蜀国君孟昶的贵妃，她颜色如花，有着倾国倾城的骄人容颜。传说花蕊夫人花容月貌，端庄灵秀，深得孟昶宠爱：知道她爱牡丹，就命人赴洛阳为她精挑细选，带回宫里，专门为她开辟“牡丹苑”；知道她喜欢芙蓉，便命全城种植，沿城四十里，花开如锦缎。

赵匡胤黄袍加身，后蜀地动山摇间一夜崩塌。孟昶与花蕊夫人等被押至汴梁，赵匡胤一见倾心。七天后，孟昶暴病而终，再见花蕊夫人，她淡妆素服，清绝柔弱，赵匡胤命她当席赋诗。

花蕊夫人饮尽杯中酒，字里行间不见血泪，斑斑总是恨。

离开故国那天，她仿佛与平时无异，春光旖旎里，如同以往出游一般，只是此行，便再无归期。如今，她声泪俱下，诉说离乡背井的痛楚。

她控诉蜀国的软弱无能，外敌侵犯时，丢盔卸甲，不战而败。连她的夫君孟昶，在她眼里亦不是一名合格的君主，他终日歌舞升平，耽于女色，大宋军队攻城城破，他除了长叹，别无他法。

被移植到汴梁的花蕊夫人，被封为贵妃，依旧宠冠六宫。仍然不失骨子里的本性，用花开的姿态，坚韧而淡然地盛开，只是千里之外的成都，芙蓉却开花不再。

写情

宋·李益

水纹珍簟思悠悠，
千里佳期一夕休。
从此无心爱良夜，
任他明月下西楼。

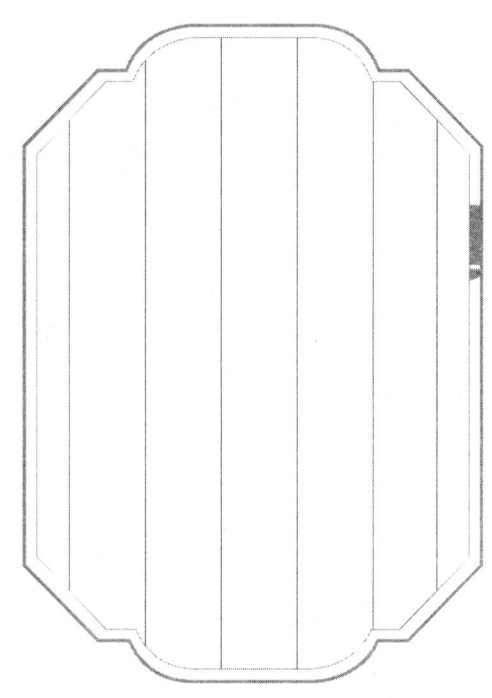

『诗中意』

如果你为一个人彻骨般痛过，你就会明白李益这首诗的意思。心底有百般忏悔，也只能化作一句“从此无心爱良夜，任他明月下西楼”的叹息。

李益曾经给霍小玉许下了求娶之期，自别后，她望穿秋水，却不见了他的踪迹，他和她之间正应了诗的上半句：“水纹珍簟思悠悠，千里佳期一夕休。”

后来，霍小玉因绝色早夭，多被后人施以怜惜之意，李益却因此掩了才名，成了十足的负心人形象，一生中再没有快乐的日子，这种惩罚比死还残酷。他欠了她一命，她毁了他一生。只是，爱情本就该是你情我愿、两不相欠的清洁。彼此付出也不计较，怨恨也应能饶恕。欣赏霍小玉的刚烈，但这世间恩怨情仇如丝如茧，不知何时世人才得解脱？

山之高

宋·张玉娘

山之高，月出小。月之小，何皎皎。
我有所思在远道，一日不见兮，我心悄悄。

采苦采苦，于山之南。
忡忡忧心，其何以堪。

汝心金石坚，我操冰霜洁。
拟结百岁盟，忽成一朝别。
朝云暮雨心去来，千里相思共明月。

郎骑竹马来，绕床弄青梅。这是对张玉娘和沈佺感情最好的注脚。但沈家的权势地位江河日下，而独子沈佺偏偏无心功名，张家悔婚的想法愈演愈烈，玉娘以死相抗，终于换得了二老的一句话：欲为佳婿，必待乘龙。为了抱得美人归，沈佺不得不暂时辞别。

分别那日，她守在渡口，泪眼婆娑，只愿他能早去早回，完成相濡以沫的誓言。

日子一天天过，京城终于传来沈佺高中榜眼的消息。命运像个顽皮的孩子，获得一切荣耀与富贵的光环之后，沈佺却病倒了。

玉娘闻讯花容失色，纵有万般期盼，也只能伴着窗外疏雨淅沥，一点一点数着回忆。而命运终于决定要收回承诺，那个风度翩翩的少年竟是一病不起，在异乡化作一抔黄土。

从此生死两茫茫，玉娘此后的光阴不过四载，四年中她在泪水与思念中煎熬，在回忆与恍惚间徘徊。

虽生时未能结为夫妻，死后终于如愿以偿。张、沈两家长辈商议，将他们同葬一片枫林中。每逢深秋，霜染红叶，好似佳人的脚步，轻盈而又凝重，她一路走来，目光深远，不知凝望何处。如果思念很长，那么他就是她想要奔赴的远方。

卜算子·不是爱风尘

宋·严蕊

不是爱风尘，似被前缘误。
花落花开自有时，总赖东君主。

去也终须去，住也如何住！
若得山花插满头，莫问奴归处。

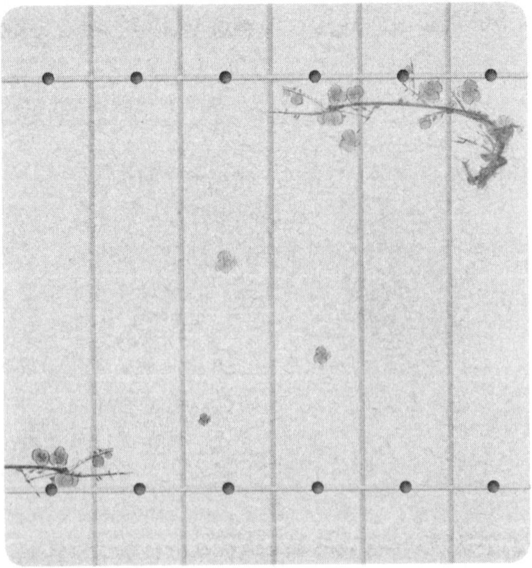

丝竹管弦，笔底书画，严蕊将一生付于此，尽得世人追捧，却留下太多遗憾。所以她说：“不是爱风尘，似被前缘误。”

偏偏她于尘世间遇见了那样一个人——唐仲友。他惜她才华，怜她悲苦，想免她颠沛流离，护她一生周全。他是她所在地方的官员，他站在青天之上向她伸出手，她拼命地靠近，想有一个归宿，在漫山遍野开满繁花之时，有人会凝眸启唇，轻声道：“陌上花开，可缓缓归矣。”

他与她从风花雪月谈到琴棋书画，品茗吟诗，自成佳话。他为她在台州落籍，让她和母亲一起居住，让她再次体会到了这世间的温暖。

可是红颜注定命途坎坷。朱熹巡台州，以士大夫与营伎同流，不合伦理纲常为由，将严蕊关押。

世间女子，才华横溢的不少，有情有义心思玲珑的却不多见。严蕊便是其中一个，她不愿辜负自己，更不愿辜负他人，所以誓死抵抗。新上任的官员问她以后作何打算时，她答：“若得山花插满头，莫问奴归处。”多么简单的一个愿望，踏过千山万水，看遍世间繁华，她只愿做一个普通女子，了此一生。

她被判从良了，转过身，再次向无知的前路走去。天向来最妒红颜，这个尘世欠她的，还不清了。而她的风骨，不管历史屑与不屑，都会被后人铭记。花开花落，哪怕零落成泥碾作尘，也不该任人践踏，所以上天放她归于尘土，笑看江湖。这样，最好不过。来日雨停花开之时，再不要问她将去往哪里。于她而言，没有归宿，或许就是最好的归宿。

满江红·太液芙蓉

宋·王清惠

太液芙蓉，浑不似、旧时颜色。
曾记得，春风雨露，玉楼金阙。
名播兰簪妃后里，晕潮莲脸君王侧。
忽一声、鼙鼓揭天来，繁华歇。

龙虎散，风云灭。
千古恨，凭谁说。
对山河百二，泪盈襟血。
驿馆夜惊尘土梦，宝车晓碾关山月。
问嫦娥、于我肯从容，同圆缺？

『词中意』

王清惠，南宋度宗昭仪。繁华宫闱里，她是高贵美艳、清丽绝伦的，可她也是最孤独的。没有人懂她，于是因琴相识，因词相知，宫廷琴师汪元量成了她的知己，寂寞深宫，是他的琴声陪伴她度过了一个又一个漫漫的清秋长夜。

1276年正月，元兵攻入临安，南宋灭亡。相传，城破那天，南宋皇宫里一片混乱，只有王清惠平静如常，直到背着琴的汪元量匆匆赶来牵起她的手，乱世给予这位卑微乐师的不是国破家亡的痛楚，而是眼里是藏不住的欢喜。乱世仿佛真的可以成全他们，可是，她轻轻拂开了他的手，随三宫三千人作俘北上。

不知怎样一个夜晚，王清惠在驿站的墙壁上题下这阕词。自此，有人说她清凌超脱，出淤泥而不染；也有人说她妥协软弱，苟且于乱世；就连文天祥也感慨了一句："惜哉！夫人于此少商量矣。"而我说，她是最至情至真的。人有离合，月有圆缺，这是自古难全之事，正如她，正如他，也正如那曾经被粉饰的太平。而她又能将这一切奈何呢？不过是看着沧海桑田、世事悲欢，念着但愿人长久，但愿人长久……

长相思·越上寄雪江

宋·汪元量

吴山深。越山深。
空谷佳人金玉音。
有谁知此心。

夜沈沈。漏沈沈。
闲却梅花一曲琴。
月高松竹林。

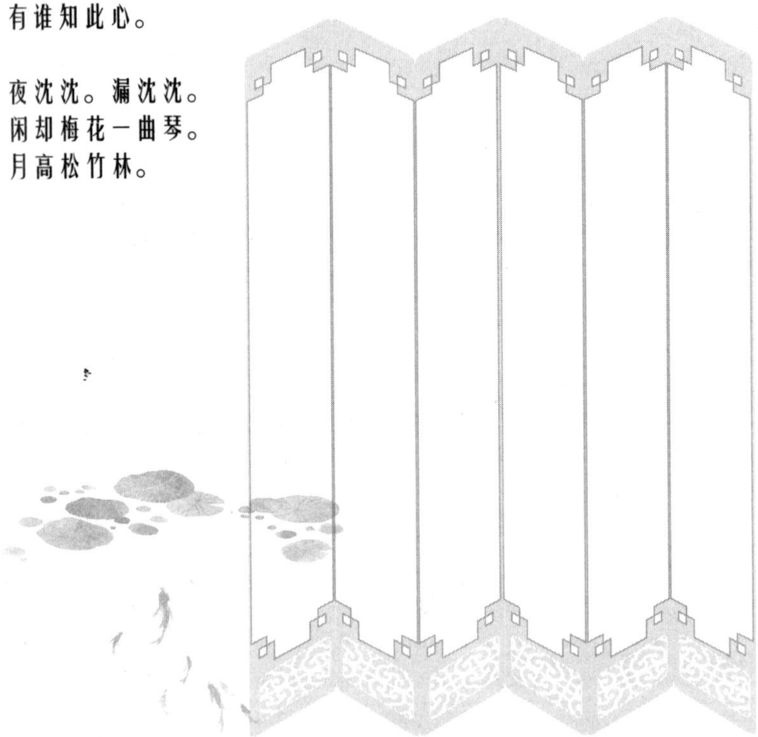

「词中意」

王清惠作俘北上之后自请为女道士，汪元量也随俘军北上大都（今北京），不久后南下皈依道门。这些，王清惠不知道。她更不知道驿站壁上他和了她的那首《满江红·和王昭仪韵》。

回到江南，他写下了这阕《长相思·越上寄雪江》。

因为爱，所以远离。或者，他希望她能忘记他。但或许可以忘掉故国沦丧，忘掉颠沛流离。但是，她不会忘掉那个深深眷恋她的人。你听，翠松碧竹林里的那首梅花曲，她将弦拨得那样轻快，就像未曾经历过人世沧桑。请不要驻足，也无须感慨，她只是在等待一个故人，等一场月圆。

相思令·吴山青

宋·林逋

吴山青，越山青，两岸青山相送迎。谁知离别情?
君泪盈，妾泪盈，罗带同心结未成。江头潮已平。

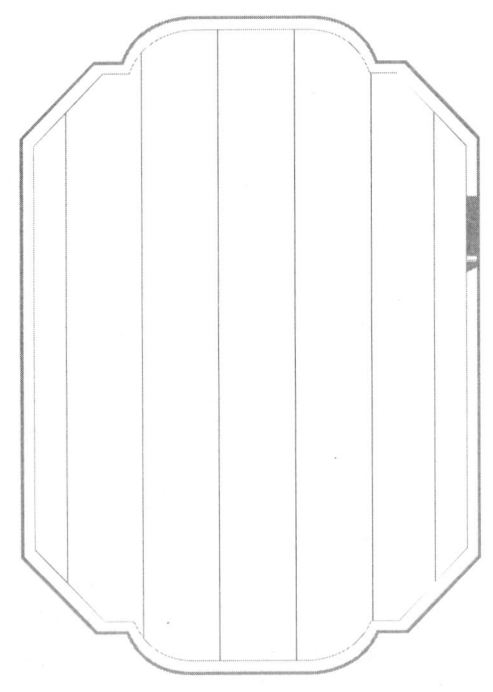

『词中意』

宋室南渡之后，杭州变成了帝都。要在孤山上修建皇家寺庙，山上原有的宅田墓地等完全迁出，可唯独留下了林逋的坟墓。而这也给林逋带来了最后的祸事，南宋灭亡之后，有盗墓贼以为林逋是大名士，墓中的珍宝必定极多，于是去挖。可是坟墓之中，陪葬的竟然只有一只端砚和一支玉簪。端砚乃砚之珍品，那是林逋自用之物，那只玉簪呢？终身不娶的林逋到底有着怎样的往事，才让他在年轻时就灰心于仕途，归隐林泉终老此生？

或许这阕以女子口吻所写的小词才是他的心声。小词一阕，隐藏着文人的几多伤心惆怅，俱往矣！至今我们为林逋叹息，不如为他祝福，愿他在天上一切如意，能见到一生怀念之人……

小重山令·赋潭州红梅

宋·姜夔

人绕湘皋月坠时。
斜横花树小，浸愁漪。
一春幽事有谁知。
东风冷，香远茜裙归。

鸥去昔游非。
遥怜花可可，梦依依。
九疑云杳断魂啼。
相思血，都沁绿筠枝。

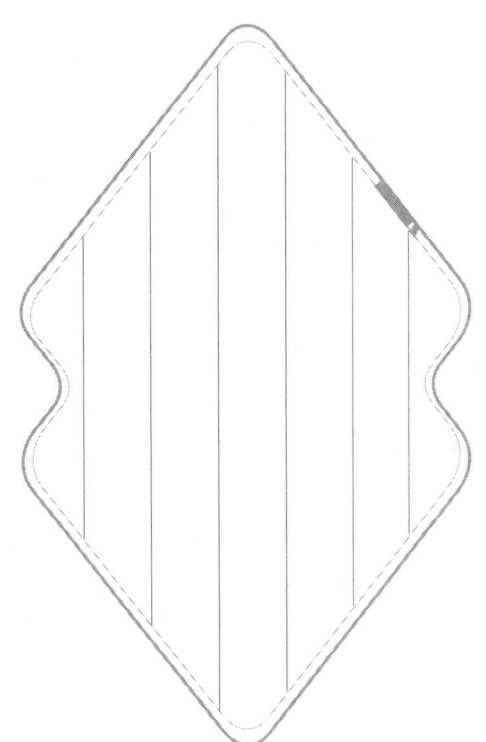

如果那时，不是年少意气风发，不是初入扬州，不是一曲《扬州慢》而声名大噪，相逢会不会只是天边的星光，可望而不可即。

姜夔途经合肥之时，琵琶语在风的哭泣中如泣如诉，那婉转哀怨的腔调正是那曲《扬州慢》。他下马，只为遇见那声音的主人。

金风玉露一相逢便胜却人间无数。很久之后读白石，念及那时他与合肥女子的相遇，觉得这就好比是蒲公英必然会遇到风，江中小舟必然会遇到雨。哪怕为这场相遇倾尽一生的思念，也要义无反顾。

相逢的日子始终如同蜻蜓点水，相逢之日便知会有更为深切的别离。他终于乘舟南下，前路漫漫，她只能在琵琶弦上诉说相思。其间，他们驿寄梅花、鸿雁传书，以示相思。五年后再相见，他依然给不起任何承诺，无力给她安稳。

望尽千帆皆不是，他终于决定成家，她亦消失在岁月深处，朱门依旧，庭院荒草丛生，望不尽的夕阳将一切涂成暖黄。

临江仙·梦后楼台高锁

宋·晏几道

梦后楼台高锁，酒醒帘幕低垂。去年春恨却来时。
落花人独立，微雨燕双飞。

记得小苹初见，两重心字罗衣。琵琶弦上说相思。
当时明月在，曾照彩云归。

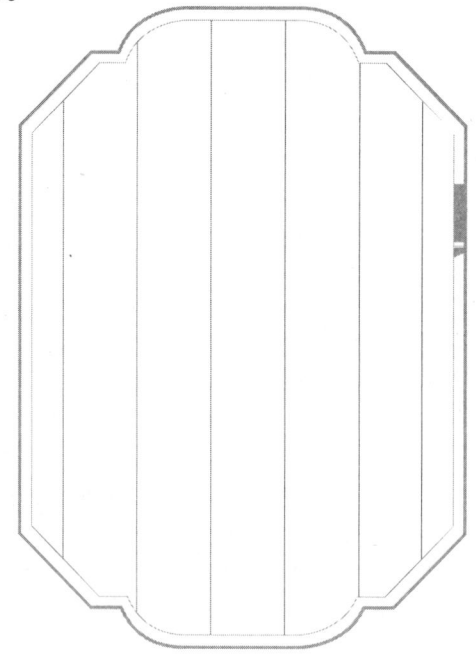

『词中意』

那一年他是风流才子，在好友家中饮酒作词。他坐在烛火明亮、酒香醇厚的厅堂，看着那个慢弹琵琶的女子，莞尔一笑，霓裳轻飘，不觉神思已恍惚。她舞姿翩然，来到他面前，罗衣轻摆，舞尽彼此眸中深意。只那么一眼，便明了了彼此心中的爱恋。

绣着两重心字的罗衣，衬得她肤若凝脂，唇如桃花。她舞姿缓缓，似湖上的青荷，搅起一片风月无边，他眼盯着她看，羞涩在她的脸颊边晕开，那里有最深的风景。

小山和小蘋，一见倾心，最终无缘牵手，不是所有的爱都会轰轰烈烈开花结果。

小山家道中落之后，好友也将家中歌女遣散，小蘋亦不知所踪，只在他的词作中翩然生姿，任相思连绵不绝。

卜算子·答施

宋·乐婉

相思似海深，旧事如天远。
泪滴千千万万行，更使人、愁肠断。

要见无因见，拚了终难拚。
若是前生未有缘，待重结、来生愿。

许是绿柳荫处的天籁之音，引得玉汝妆成的施酒监寻幽探径，修长的手指拂起柳丝，便撞见了容姿倾城的佳人歌伎乐婉。半抱琵琶微遮面，涂了豆蔻的纤纤玉指轻拢慢捻，却渐渐醉了人心。

世上有种情是一见钟情。此后二人日日吟诗奏琴，结伴游玩于西湖，素手相携共结同心，笑脸盈盈若湖中碧波，荡漾在暖日熏风下，仿若前生便已相识。“相见情已深，未语可知心。”乐婉兴起而歌，莺啼婉转，唱尽西湖风流；他执扇静听，轻抿淡酒，无言却难掩眼中的脉脉情长。忽一日，一纸调令打破了往日平静。

施酒监情难舍、意难别，望着岸边青青柳丝和折柳相送的乐婉，填了一阕《卜算子》：

相逢情便深，恨不相逢早。识尽千千万万人，终不似、伊家好。

别你登长道，转更添烦恼。楼外朱楼独倚阑，满目围芳草。

听闻此词，乐婉泪眼蒙眬，朱唇慢启，轻声回唱道：“若是前生未有缘，待重结、来生愿。”

今日情深似海，却落得个天各一方，不如来生再相见。

或许有一天，施酒监重回西湖，寻得乐婉再续前缘。但更可能的是，施酒监一去不复返，而乐婉最终老大嫁做商人妇，夜深忽梦少年事，梦啼妆泪红阑干。

洞仙歌·冰肌玉骨

宋·苏轼

冰肌玉骨，自清凉无汗。
水殿风来暗香满。
绣帘开，一点明月窥人。
人未寝，欹枕钗横鬓乱。

起来携素手，庭户无声，
时见疏星渡河汉。
试问夜如何？
夜已三更，金波淡，
玉绳低转。
但屈指，西风几时来。
又不道，流年暗中偷换。

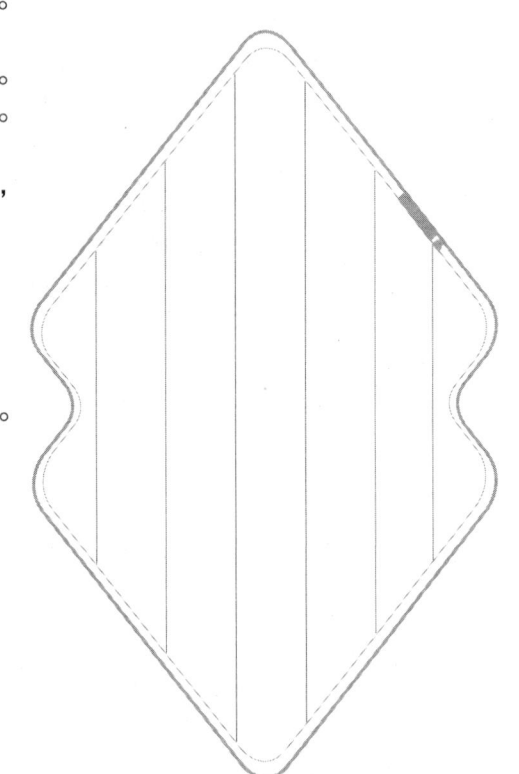

『词中意』

那夜云淡风轻，摩诃池边花蕊夫人携夫君十指相扣，缓步盈盈，像极了七月七日长生殿里的唐明皇与杨贵妃。只是，雕栏玉砌仍在，只是朱颜改。孟昶的手本就是写诗填词、持樽拈花的手，任宋军逼境也指挥不了千军万马。于是，十四万的后蜀兵力对着区区几万宋军树了降旗。

草长莺飞的时节，她同他被俘往汴梁。途经葭萌关，她写下了半阕词："初离蜀道心将碎，离恨绵绵，春日如年。马上时时闻杜鹃……"曾经，未写完的词都是他替她续上的，可惜如今他已经再无吟诗作词的心情。他在想怎样用妥协换得后半生的安逸，纵是没有了江山，能与她长相厮守做个布衣王侯也是好的。于是，他从容地牵着她的手走进宋家朝堂，俯首称臣，只为乞求半生安逸。可是，当他看到赵匡胤的眼睛那样惊叹地停留在她的身上时，他知道，自己错了。

不久，孟昶暴病身亡。于是，花蕊夫人成了宋太祖的皇妃。但一切并未完结，她依然是艳绝尘寰、令人见之忘俗的。于是，人们又为这段故事加了赵家兄弟的兵戎相见，也加了美人的血洒宫闱。似乎传奇以荡气回肠为结局，才是最最恰当的。幸而，那最终的轮回转世是平静的，因为她落在了苏轼的梦里。

自从七岁那年遇见眉州老尼，便得知了这位代佳人，于是，她便时时出现在他的梦中。

四十年后，这位豪放的词人用如此婉约的词句来超度了她的魂灵，延续了她的传奇。自此，便有更多的人知道她，知道她的琴心剑胆，知道她的才华和悲愁。

风流子·木叶亭皋下

宋·张耒

木叶亭皋下，重阳近，又是捣衣秋。
奈愁入庾肠，老侵潘鬓，谩簪黄菊，花也应羞。
楚天晚、白苹烟尽处，红蓼水边头。
芳草有情，夕阳无语，雁横南浦，人倚西楼。

玉容知安否？
香笺共锦字，两处悠悠。
空恨碧云离合，青鸟沉浮。
向风前懊恼，芳心一点，寸眉两叶，禁甚闲愁？
情到不堪言处，分付东流。

她身着锦缎轻纱，在殿堂上翩翩起舞，雪也似的手臂与玲珑身段让人迷醉，甫一开口，那柔软嗓音如天籁般穿过绵软的空气，缱绻地飘进“苏门四学士”之一张耒的耳中。

他看得痴然，听得呆滞，只觉心中有无限愿望去亲近这女子。一曲过后，女子为他斟酒研墨，清酒一杯又一杯，迷醉之中他为她写诗写词，她为他弹着琵琶句句浅唱。声音袅袅传入心间，终究让他这不自诩风流的人亦沉入了欲罢不能的喜爱。

此后他常常来寻这位官伎刘淑奴，这美人儿亦爱他的文采斐然，一心只愿随了他去，做一个普通平凡的女子。但当时官伎与官员有私情，会有被罢免官职的危险。他生命中不可或缺的东西太多，远不是一个她即能比拟，他断不能为一女子舍弃天下所有，后来便没有勇气再召那梦萦魂牵的女子来，更是悄悄离开去了别的地方任职。那女子日后如何，他再也没有机会得知。

他难以言说的思念，只能在诗词之中诉说。他想象着那女子是否还能素手轻弹琵琶，是否有人曾比他勇敢许多，给了她一个好归宿？时过经年，离索之愁越发涌上他心头，于是他提笔写下这一阕《风流子·木叶亭皋下》，词中，多少思念与哀愁、想象与喟叹，皆成心伤。他顺风顺水地过了许多年，只是曾经负了那女子，一腔深情难赋，不堪言说，尽付东流。

鹊桥仙·纤云弄巧

宋·秦观

纤云弄巧，飞星传恨，银汉迢迢暗度。
金风玉露一相逢，便胜却人间无数。

柔情似水，佳期如梦，忍顾鹊桥归路。
两情若是久长时，又岂在朝朝暮暮。

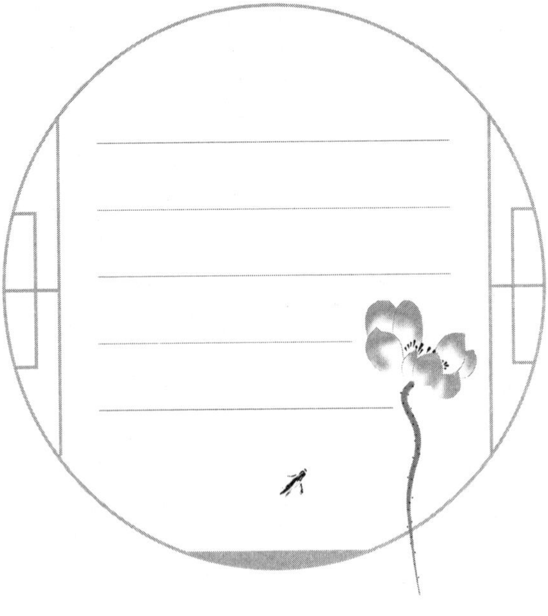

在京城的那段日子是秦观人生中最顺畅最得意的时光，他收留了一个孤苦伶仃的女孩朝华。

朝华聪颖标致，除侍奉好秦观母子外，还帮助抄写整理诗文。在他的诗词里，她读懂了他内心的婉约细腻和孩子般的脆弱。疯长的青春里她不可避免地爱上了他，她幻想着与他执手偕老，19岁，他要将她嫁给别人，她却非他不嫁，他终于被感动。

身在官场，风雨来袭，他将她暂时托付给岳父照顾，孤身上路，登舟泣别时他作诗相赠：月雾茫茫晓柝悲，玉人挥手断肠时。不须重向灯前泣，百岁终当一别离。

她辗转回到他身边，他深知无法再给她幸福，于是借口要了却尘缘修仙证道，再次将回她赶回京城，其实他是舍不得她去荒蛮之地受苦受累。

其后，她只能在记忆里一遍遍回望共同走过的日子。52岁，他离开人世，她不在身边。朝华知道他的死讯后，投江自杀，用决绝的姿势告诉尘世，不能在今生爱他，只好选择来世。

原来，两情若是久长时，真的可以不必深杯酒满、小圃花开，可以不必朝朝暮暮、缠绵悱恻。能用一生一世来践行爱的箴言，这才叫至死不渝。难怪，有观点认为这阕《鹊桥仙·纤云弄巧》便是秦观为朝华所作。

雨霖铃·寒蝉凄切

宋·柳永

寒蝉凄切，对长亭晚，骤雨初歇。
都门帐饮无绪，留恋处，兰舟催发。
执手相看泪眼，竟无语凝噎。
念去去，千里烟波，暮霭沉沉楚天阔。

多情自古伤离别，更那堪、冷落清秋节。
今宵酒醒何处？杨柳岸、晓风残月。
此去经年，应是良辰好景虚设。
便纵有千种风情，更与何人说。

柳永是风流多情的才子，孤身羁旅，流连市井，骨子里却无法割舍一点点短暂的温情，哪怕只是青楼女子的盈盈一笑。

于是他宁愿醉在这里，任女子修长的手指端着醒酒的茶盏走到他的床前，他酒醒了，她却醉了。

她知道注定留不住他。从一开始，她就知道幸福如沙漏，毫不吝啬地流着，于是她把每天当作诀别来过，绝望的爱里，却不曾有丝毫的保留。

他终于要走了。他和她执手凝咽，她想他也是爱过的，这就够了。当年他笑自己，且任依红偎翠，唱尽风流事，现在才明白，原来他一直都在逃避孤独与凄凉，在她脉脉的温情里心安理得地支开寂寞，醉心词曲。或许说，她的爱成全了他的才情，给了他一段闲情逸致的岁月。

只是他留给她的，却是一生无法抵挡的离愁和追忆。多年以后他会懂得，他唯一的资本只是他的落拓和才华，让她痴迷沉醉，虽胜过了人间无数，但最后，唯有长亭短亭依旧。如花美眷，似水流年，老的是人，却不是曾经的爱情。

悼亡三首·其一

宋·梅尧臣

结发为夫妇，于今十七年。
相看犹不足，何况是长捐。
我鬓已多白，此身宁久全。
终当与同穴，未死泪涟涟。

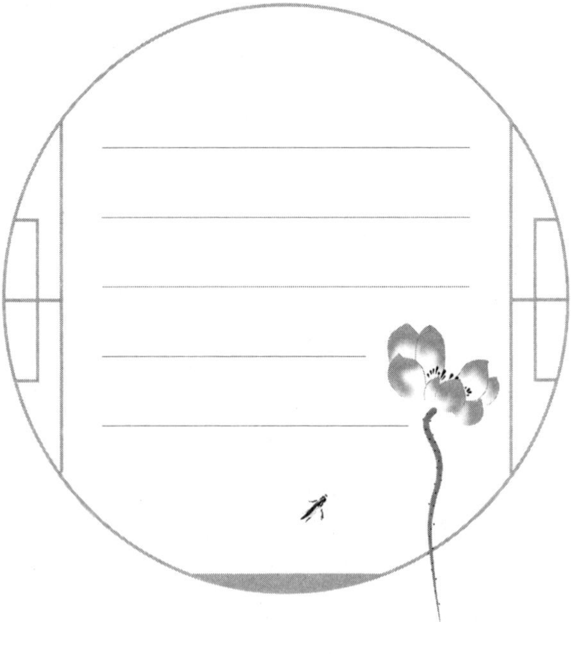

又是梦，梅尧臣在黑夜中慢慢睁开眼，恍然明白这四周荒凉的月光才是现实。就在刚才，那美丽端庄的面容，那轻柔温婉的话语，那如下凡的仙子般掩在云中的女子便不见了踪影。

梅尧臣披衣而起，环顾四周，空空的屋内沉静而寂寥，他走到书桌前，点起一盏灯。长夜难眠，无一人在寒夜里端上一杯热茶，陪伴自己度过这孤独而漫长的人生。梅尧臣思虑良久，提笔磨墨写下这首诗，就在这字句皆是血泪的倾诉中，时光的浪潮悄然回溯，似乎又是一个17年的轮回。

梅尧臣出身贫寒，但乐于读书也颇有才华，他一心为政，但命运的波折让他青年时期一直在小县城中辗转，做个毫无实权的小官，妻子谢氏知书达理，美丽温婉，而且贤德淑惠，安贫乐道，知晓他内心的困苦，从不言说跟随他四处奔波的辛苦，也不抱怨家中繁重的家务。无论夜多黑，她都如一盏灯，带给他温暖的光。

相爱多年后，谢氏先行于云上。妻子去后，梅尧臣痛苦不已，常常在深夜醒来回忆往事，写下思念妻子的独白和深情。

但哪怕写再多的诗，说再多的情话，那个温婉可爱的人也不会再坐在眼前，替他擦干泪痕，掩上被角。两人相濡以沫的时光就这样逝去，不再归来。

我侬词

元·管道升

你侬我侬，忒煞情多。
情多处，热似火。
把一块泥,捻一个你,塑一个我。
将咱两个,一齐打破,用水调和。
再捻一个你，再塑一个我。
我泥中有你，你泥中有我。
与你生同一个衾，死同一个椁。

人世间最为美妙的就是能在茫茫人海里遇见自己最爱的人，并和他度过一生。赵孟頫和管道升的爱情和婚姻堪称美满。一个是自己想娶的人，一个是自己要嫁的人。

婚后，夫妻俩伉俪情深，事业上也相扶相携。赵孟頫五十岁时，出任江浙等处儒学提举。

江南自古就是烟花之地，任何一个男子置身在此都会蠢蠢欲动。赵孟頫南下后，写给妻子的书信越来越少，偶尔一封，除了简单的问候之外，流露出来更多的是征询纳妾之意。

当初的恩爱画面还历历在目，如今才分开两年多，就已经如此这般，管道升的落寞和伤痛破碎成纸屑，左思右想，绵绵愁绪难遣，说不出的心酸和伤楚让她无言以对。

第二年丈夫生日之夜，她写下了《我侬词》：词中反复抒写的是他们之间缠绵的过去。

她浓烈的情感，真挚的告白，如同燃烧的火焰，熊熊蔓延。透过纸上的泪痕，赵孟頫看到了掩盖在文字背后的无奈和悲哀，那是人到中年的妻子的幽怨，也是对想移情别恋的丈夫的指责。赵孟頫凄怆感动之余，泪湿双眸，从此不再寻思纳妾之事，彼此依旧恩爱如初，相互依靠。

永遇乐·病中

清·徐灿

翠帐春寒，玉墀雨细，病怀如许。
永昼愔愔，黄昏悄悄，金博添愁炷。
薄幸杨花，多情燕子，时向琐窗细语。
怨东风，一夕无端，狼藉几番红雨。

曲曲阑干，沉沉帘幕，嫩草王孙归路。
短梦飞云，冷香侵佩，别有伤心处。
半暖微寒，欲晴还雨，消得许多愁否?
春来也，愁随春长，肯放春归去。

徐灿是南宋以来唯一一个可以和李清照抗衡的女子，集才貌、灵气于一身。

她的丈夫是明末清初的知名诗人，清军进犯之时，他立即改旗易帜，并很快被起用为秘书院侍读学士，他于是写信给妻子徐灿要她携儿女来京居住。

接到丈夫的书信，徐灿在去京都的路途上写下了这阕词。从浙江到北京，旅途遥远，久别的人儿要团聚，她却迷失怅惘，定是那亡国覆辙之痛让她心伤，而那关于降清一事上夫妻两人暗生的龃龉也让她隐隐觉得心寒。

一路上，她能想到的是他们的曾经。那时丈夫被迫罢官离京，他们在乡村别居屋前树头花艳如云，柳絮铺路。屋后是柔云缭绕，溪流潺潺，黄鹂争鸣，景色空蒙幽丽，无惧亦无忧。

如今，念往昔，悲恨相续。她唯有把一切都写进字里，方能拂去落在身心的灰尘。如若现在让她选择，她依然会选择那一段合欢树下一树一花一雨凉、一开一落一芬芳的相聚。

秋灯琐忆

清·蒋坦

镜槛无人拂，
房栊久不开。
欲言相忆处，
户下有青苔。

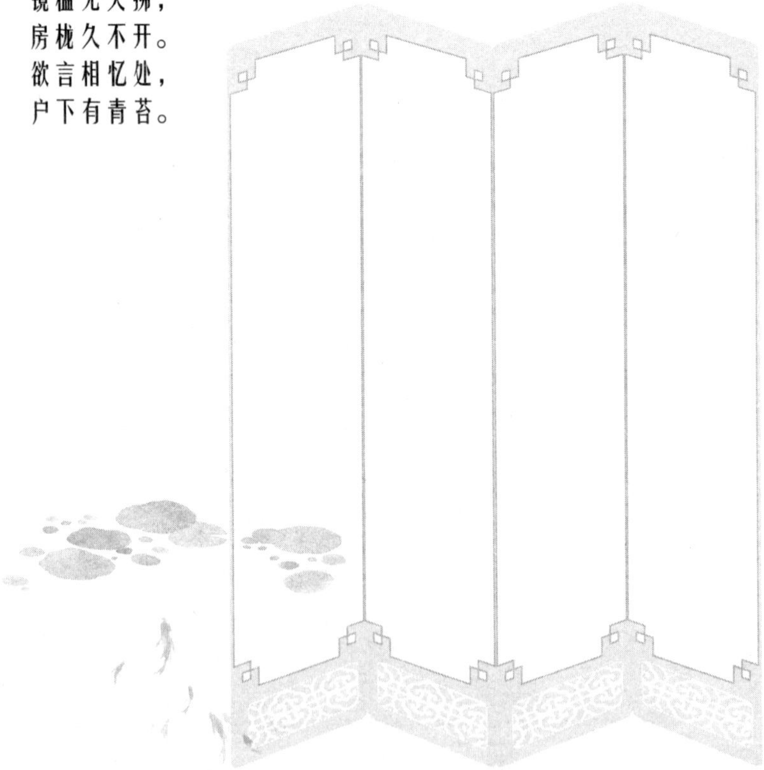

『诗中意』

秋芙归宁，蒋坦多日未见妻子，独自来到两人的巢园，看到青苔满布，顿时思念丛生，然后写下了这首诗。不怪他要惦念，蒋坦和秋芙青梅竹马，婚后更是和谐美满。秋芙善解人意，温柔体贴，让蒋坦欢喜爱怜。此刻他独自漫步在青石小路上，青苔那般软嫩湿润，她归家时青苔还未长出，如今已爬满廊阶。翠色欲染衣襟，颜色离离，若是以往他肯定不会在意，因为他的眼光都落在那个娉婷女子的身上。然而此刻他独自一人，平日里被忽略的青苔便落入他眼里，催生出时光飞逝的离思。

思念让他心有酸楚，也生了小小的怨怪，那个他挂在心间日夜念着的小女子啊，此刻应是在娘家与众多弟妹们辩论谈笑吧？而他却在两人常常消磨时光的地方想她的一颦一笑，他想她兴致一定很高，不知是否会记得有人于风露中徘徊思念着她？满以为思念是女子独一无二的心事，读了蒋坦的这首诗才知，男子若相思起来，情到深处，一样炙热似火。

卜算子·燕子不曾来

清·蒋春霖

燕子不曾来，小院阴阴雨。
一角阑干聚落花，此是春归处。

弹泪别东风，把酒浇飞絮。
化了浮萍也是愁，莫向天涯去。

欲雨的黄昏，他等待着那个熟悉的身影跃入眼帘，但却连那只熟稔的燕子也没有飞回来。一个人，日日在庭中守候着一只燕子的归来，他的孤寂可想而知。

蒋春霖科举屡试不第，后来偶得小官也被罢免。母亲和爱妻先后亡故，他的生活更加潦倒困顿，从此被寂寞包围。晚年他纳了颇有才情的风尘女子黄婉君为妾。才子佳人本为一段美事，但婉君过惯了安逸富足的生活，缺乏财资的蒋春霖哪能供得起她的挥霍无度。但为了她，本来不肯屈居人下的他，去求见老友，希望能得到帮助。但不巧的是，老友正忙于公事，没有闲暇见他。心高气傲的他以为受到了好友的轻视，感到莫大的耻辱，再加上家事不顺，于是那天夜里，在垂虹桥畔的舟中，他服下了准备好的毒药绝望自尽。对他而言，世无可恋。却不知道，在他自杀之后，她也随之而去。无论她欠他什么，有什么错处，她都以死来偿了，不知是否可抵一生情债？

梦江南·昏鸦尽

清·纳兰容若

昏鸦尽，小立恨因谁？
急雪乍翻香阁絮，
轻风吹到胆瓶梅。
心字已成灰。

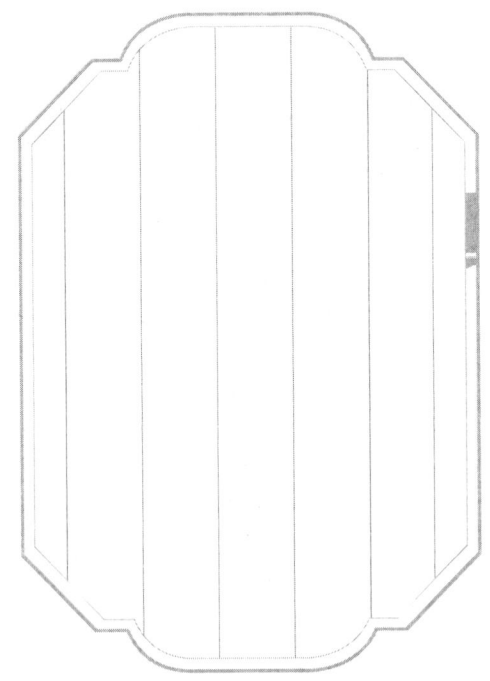

『词中意』

那一年，容若的忘年挚友顾贞观从江南回来，随行的一个女子沈宛改变了容若的一生。他是清朝第一才子，她是吴兴第一才女，这样的佳偶天成，足够羡煞世人。

最终容若如愿纳了沈宛，代价是只能继续在朝廷里做着那些他从来不想去做却又不得不违心而为的事情。而沈宛作为容若的妾室，只能住在容若为她单独安排的别院里。

她看见他日夜奔波和心里的痛楚，看见他为了她长久不能舒展的眉头……倘若这所谓的幸福，只能加剧他所承担的重负，那么，她愿意退出。

终于，她说，要回去，回到她的江南去……

她走了，世界上最遥远的距离，莫过于彼此相爱，却不能够在一起。

空落落的小院里，昏鸦、急雪、香阁……可是，伊人已去，只剩下对影自怜的悲凉。如此，怎堪消受！于是，便有了这首《梦江南·昏鸦尽》。

在梦境里，他梦见她孑然而立，孤傲如阁子里胆瓶中的梅。寒鸦掠过的凄凉之音，化作她紧蹙的蛾眉，长久不能舒展开来。那经过无数次历练才得其一片的心香，纵使再好，也总会有烧完的一天。风偶尔拂过，将那散乱的灰尘扬起，就像扬起了自己破碎的心。

这一别，竟是永诀。五月，那个梨花满地的时节，他缓缓地闭上了双眼，双手呈握拳状，但在生命的最后一刻，他终还是没能将她的手握紧。

南乡子·烟暖雨初收

清·纳兰容若

烟暖雨初收，落尽繁花小院幽。
摘得一双红豆子，低头，说著分携泪暗流。

人去似春休，卮酒曾将酹石尤。
别自有人桃叶渡，扁舟，一种烟波各自愁。

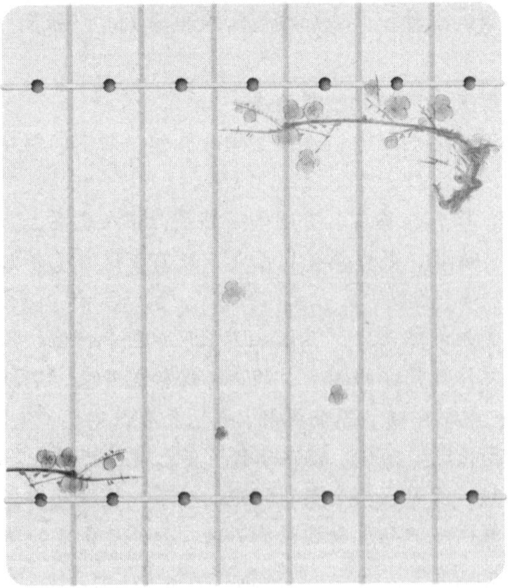

22岁那年，纳兰容若不负众望，成为康熙钦点的第二甲第七名。可出人意料地他却被闲置在家，未被授予任何官职。年少的纳兰容若心有不平，却终究没有多言一字，皇帝钦定的结果岂容置疑？他只得终日焚香静坐，夜读诗书，沉浸在书海墨香当中。

没有一官半职，没被委以重任，在皇权不容反抗的压迫下，纳兰容若感到前所未有的孤独与无力。仕途上的孤独是冗长且无力排解的，那么，来一次出行吧，纵情于山水之间，让人暂时遗忘那些不快。

尽管卢氏不舍得他出游，在丈夫的别离与快乐之间犹豫了一秒，她终究还是选择了后者。离别的路口，她一面轻道“平安”，一面又将满帕的红豆放入纳兰容若的怀里。彼时在满腹经纶的纳兰眼里本该是“海内存知己，天涯若比邻”的辽远意境，这样情意缱绻的离别是他不曾预料到的。更没有预料到是，她日日眺望的思念的凉亭终于变成了一方矮矮的坟墓，她在这头，他还在那头，当初的思念变成了浓得化不开的愁，从此萦绕终生。

金缕曲·亡妇忌日有感

清·纳兰容若

此恨何时已。滴空阶寒更雨歇，葬花天气。
三载悠悠魂梦杳，是梦久应醒矣。料也觉人间无味。
不及夜台尘土隔，冷清清一片埋愁地。钗钿约，竟抛弃。

重泉若有双鱼寄。好知他年来苦乐，与谁相倚。
我自终宵成转侧，忍听湘弦重理。待结个他生知己。
还怕两人俱薄命，再缘悭，剩月零风里。清泪尽，纸灰起。

容若一生情事不多，却用情至深。他对待每段感情皆倾尽全力。

在容若感情世界掀起轩然大波的两个女子，一个是他青梅竹马的表妹，另一个，便是他的结发妻子卢氏。这阕《金缕曲·亡妇忌日有感》，便是为卢氏而作。

卢氏乃两广总督卢兴祖之女，名家淑女，家世、品行都和他极为相衬。她嫁给他的时候，他刚刚失去了青梅竹马的表妹，黯然神伤，她的到来，并不能安慰他。仿佛卢氏的命运，在她初入纳兰府的那一刻便注定了，纵使举案齐眉，到底意难平。

然而他最终还是爱上她了。卢氏的温柔慰藉唤醒了他对爱情的再次期待，她在温暖的午后，为醉酒熟睡的他轻轻把被子盖好；冬日里，融融灯下，他执她手写字，呵气为她暖手。山水迢递，随行塞外的他相思绵长，始终牵挂身在故园的妻子。这幸福来得太突然，他原以为这一生，都会如这般度过，她却因生子而卒，他刚刚起步还未来得及珍惜的幸福，一刹那破碎。

又到了她离去的日子，他站在滴雨的檐下，心灰意冷。已经三年了，他却仍觉得那像梦一样。为何深情之人，不能获得圆满？佛曰，人世有六苦，求不得，爱别离。学会接受生命里注定残缺的部分，也许不完满亦是一种成全。

第三章

一年好景 君须记

古诗十九首·明月何皎皎

两汉·佚名

明月何皎皎，照我罗床帏。
忧愁不能寐，揽衣起徘徊。
客行虽云乐，不如早旋归。
出户独彷徨，愁思当告谁？
引领还入房，泪下沾裳衣。

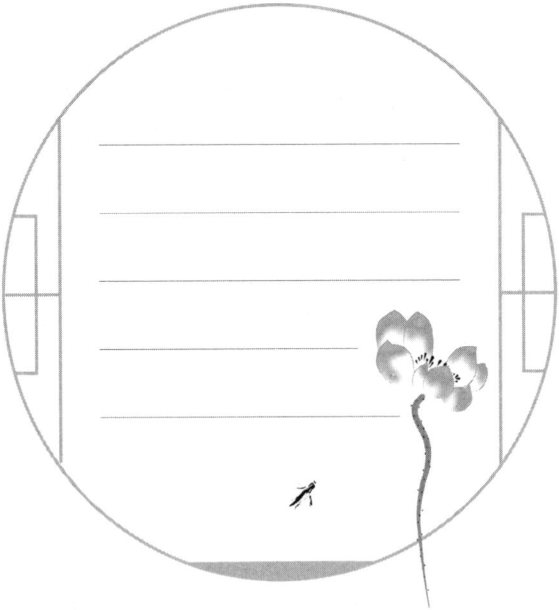

月至中庭，几缕光自窗棂跃入，悄然覆上了床帏。分明是清澄之色，却教屋中人更为烦乱。满腔愁思难以排遣，他只得披衣起身，向庭院走去。甫一离屋，月光便落了满肩，如同埋藏在他心底的愁怨，愈是想要闪躲，愈是深陷其中，无法挣脱。

立在小院里，任霜露沾湿衣襟，一面遥望月色，一面思念家乡。不知在那千里之外的故园中，亲眷是否也正对月凝神，挂念着远方的他？

西洲曲

南朝民歌

忆梅下西洲，折梅寄江北。
单衫杏子红，双鬓鸦雏色。
西洲在何处？两桨桥头渡。
日暮伯劳飞，风吹乌桕树。
树下即门前，门中露翠钿。
开门郎不至，出门采红莲。
采莲南塘秋，莲花过人头。
低头弄莲子，莲子青如水。
置莲怀袖中，莲心彻底红。
忆郎郎不至，仰首望飞鸿。
鸿飞满西洲，望郎上青楼。
楼高望不见，尽日栏干头。
栏干十二曲，垂手明如玉。
卷帘天自高，海水摇空绿。
海水梦悠悠，君愁我亦愁。
南风知我意，吹梦到西洲。

江南女子对爱情的领悟与表达，似乎有着与生俱来的能力，她们清甜婉转的歌喉，将相爱吟成一首诗，将相思唱成一支歌，千年迷蒙亦不能将这美丽遮蔽，反而使它们更加清晰，你听到南朝那个美丽的女子，在西洲的湖心吟唱的那一支动人的相思曲了吗?

驿寄梅花，思念山高水远。距离上一封信寄出去，已经过了好些时日了，漫长得仿佛使她忘记了时间还在向前走。无论她费多大劲，穷尽何种方法，心心念念的郎君却仍旧没有等来一封迟到的回信。

直到那天，她做了一个梦，梦中她去了江北他的所在。梦里，他在她的目光追逐中一步一步登上那座青色高楼，渐行渐远直至不见，独留她在楼下，望断天涯。

梦里栏杆曲折回环，垂手明亮如玉，梦里卷帘遮映，江水碧蓝，灿烂的色彩中，却始终有一种无法言说的哀伤。

魂梦悠悠，她依然相信他一定也是在想念着她的，相隔千里，两地尽是一样愁。

只愿君心似我心，定不负相思意。南风吹醒她梦里的思念，却带来温暖的意味，它是她的知己，陪伴她等待，让她相信爱情终会回归，以一种她期待已久的方式。

诗经·陈风·月出

佚名

月出皎兮，佼人僚兮，
舒窈纠兮，劳心悄兮！
月出皓兮，佼人懰兮，
舒懮受兮，劳心慅兮！
月出照兮，佼人燎兮，
舒夭绍兮，劳心惨兮！

『诗中意』

月亮出来了，皎洁无瑕，明亮温柔，我朝思暮想的美人，就要和月光一起出现了吧？痴心的人儿傻傻地等，美人却没有如期而至。我是如此思念着她，期待着她。月光是如此美妙，如轻纱柔曼，如溪水轻流。闭上眼睛，她似乎翩翩走来了，可一睁开眼，美人又不见了，只有一地月光，风儿微凉。但我心爱的美人，下一刻，你一定会出现吧，我似乎听到了你的衣裙窸窣，嗅到了空气里的清香。我的美人，我不想你的颜如舜华明眸善睐，不念你的妆容华贵佩玉铿锵，单单你的优雅姿态，就已经让人心旌摇曳。

可为什么总是爱而难得、相思成狂，愿正拥有自由和爱情的且行且珍惜，与心爱之人长相守、共甘苦、同偕老。

《诗经·卫风·硕人》

佚名

硕人其颀，衣锦褧衣。
齐侯之子，卫侯之妻，东宫之妹，
邢侯之姨，谭公维私。手如柔荑，
肤如凝脂，领如蝤蛴，齿如瓠犀，
螓首蛾眉，巧笑倩兮，美目盼兮。
硕人敖敖，说于农郊。四牡有骄，
朱幩镳镳，翟茀以朝。大夫夙退，
无使君劳。河水洋洋，北流活活。
施罛濊濊，鳣鲔发发，葭菼揭揭。
庶姜孽孽，庶士有朅。

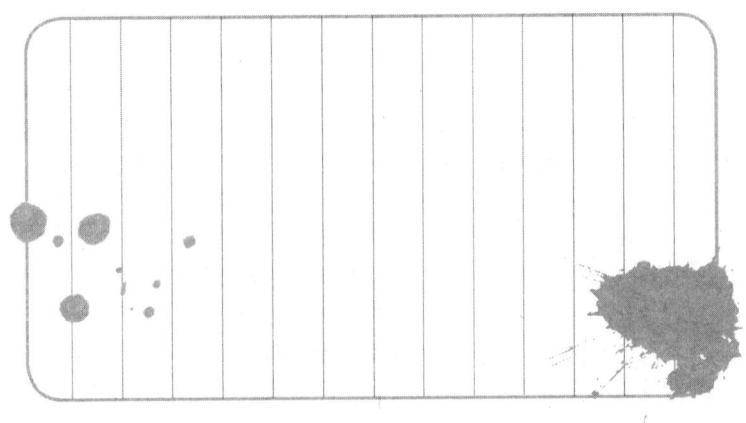

『诗中意』

庄姜这一生最绚烂的色彩都留在了那场盛大的婚礼上。九重红纱舞，金凤衔珠来，浩浩荡荡的鼓声传过百里，上达天宫。那青涩的少女欣喜地掀起珠帘，在漫天温柔的暖光下，留下了千年不曾褪色的明眸浅笑，惊艳三生。

但《诗经·卫风·硕人》如一个句号，给庄姜完满的人生画上终点。这场盛大的婚礼是她无忧无虑人生中最后一段喜悦的记忆，此后所有美好都在利刃下撕裂，前半生没有的苦痛在之后的日子里汹涌而至。

尚是新嫁娘的庄姜何尝没有憧憬过未来的幸福，明明她比任何人都有这个资格。可她等来的不是期待中的耳鬓厮磨，神仙眷侣。

即便有了庄姜这样好的妻，卫庄公依旧沉醉不知何处，可庄姜有着自己的尊严，她不能像嬖妾一般只哄着庄公高兴。而对庄公而言，有了嬖妾的娇柔，庄姜的端庄便更显无味。她口中那些国家社稷、天下兴亡，更让他心生烦闷。

时间流逝，庄姜的悲惨也在加剧。后来，夫君死了，过继的孩子死了，她无力地被时代推搡着前进，每一步都沾着血痕。她的伤口未曾被时间抚平，不过是麻木了。只有这首古老的歌谣，将她最美好的样子永远记录了下来。

乐府诗集·越人歌

佚名

今夕何夕兮搴舟中流，
今日何日兮得与王子同舟。
蒙羞被好兮不訾诟耻，
心几烦而不绝兮得知王子。
山有木兮木有枝，
心悦君兮君不知。

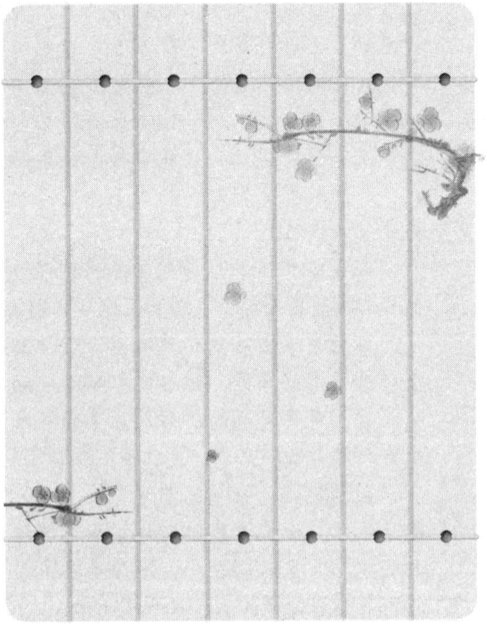

『诗中意』

春秋离散，乱世相逢，楚国共王之子子皙任情自然，他的哥哥弑君自立后，他被外封为越地管理者，那里的人们亲切地称呼他为鄂君。相比于宫廷的尔虞我诈，他更爱这里的自然与平静。

那天夜晚，他像以往一样，荡舟河上，看山河锦绣。她也像往常一样，在河边浣衣，偶尔和其他浣衣女玩闹嬉戏，直到遇到他。

他是她从未见过的眉清目秀的男子，他的高贵夺目甚至比那夜的星辰更明亮，她想为他唱一支情歌，可却那样羞怯。也许是他洞察了她的心意，也许是她痴迷到忘记了渡河的时间，又或许是他热烈地爱着自己的子民，他主动要求载她过河，她亦知道了他原来就是楚国的王子，是他们的鄂君。

慌乱而卑微，她为他吟了这首歌，歌声清越而甜美，隔了千年的迷蒙，我们仍可以感受到其中热烈燃烧的爱恋。

传说的结局，在后世的流传中渐渐隐去。有人说，王子身边的人听懂了越女的话，将它翻译给王子，于是王子被她感动，最终娶了她；也有人说，王子与越女在这短暂的邂逅之后，又各自回归到自己的生活，萍水一场，再无后续。可无论结局如何，都已经不重要了，这一场旷日持久的暗恋穿越千年，惊艳了时光，也温柔了岁月。

寻隐者不遇

唐·贾岛

松下问童子，言师采药去。
只在此山中，云深不知处。

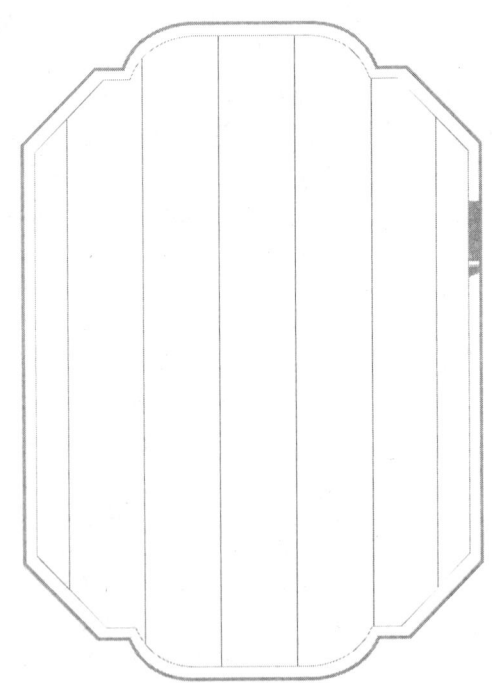

『诗中意』

读这首诗，眼前浮现出一幅隐士图。图上是泼墨而成的青山，工笔勾勒的古松，还有细细描绘的童子与一旁面露失望之色的青衫布衣人，整个画面无一是隐士，又无一不是隐士。他在白云的高洁里，在苍松的风骨里，在山林云雾缭绕的波澜不惊里。细细想来，寻而不遇仿佛是必然，幽人逸士的悠然之气岂是浸染尘世的凡夫俗子所能轻易窥探的。

隐士不是蜗居山林的农夫樵子，不是身在江湖心悬朝堂的宦海摆渡人，也不是才情干涸却妄想走终南捷径的摇尾乞怜者。他将尘世看透了，只以一颗明净的赤子心坚守着自己的信念，这信念或许并不伟大，却足以让人千载之后为之动情。真正的隐士始终有我醉欲眠卿且去的洒脱，亦有明朝有意抱琴来的气度，每刻都有最深沉的自我思量。

当下依然有隐者，而古来隐士眼眸中的清明和筋骨上的热烈，却早已随岁月遍洒山间了。至此，世间再无"一蓑烟雨任平生"的隐士，可隐者那种别样的气度和固执的坚守，却终究成了凡人在尘世的罅隙中最虔诚的慰藉。

鸟鸣涧

唐·王维

人闲桂花落，夜静春山空。
月出惊山鸟，时鸣春涧中。

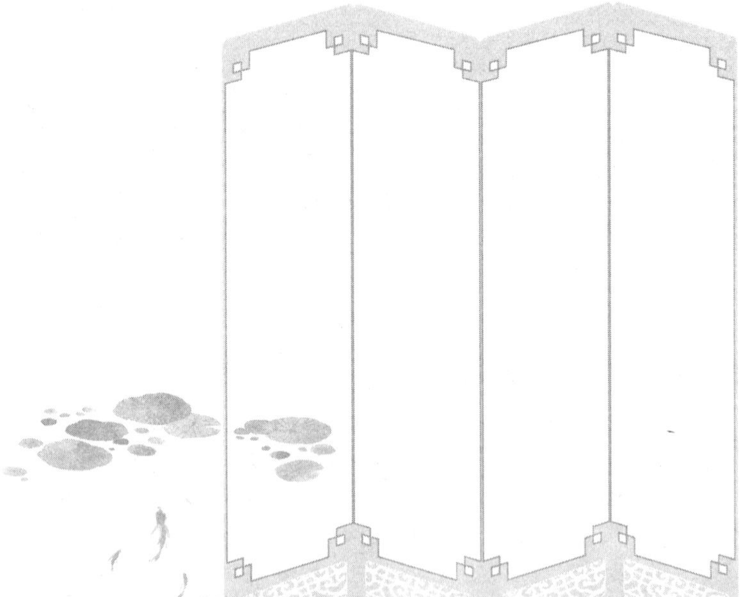

「诗中意」

王维被誉为“诗中有画,画中有诗,诗中有禅”的杰出诗人。他有入仕济世之心，有匡扶天下之志，也与佛理有缘。

如果朝堂清明，或许他会一直在出仕和入仕间游走，过着属于自己的生活。然而，世事总是这般无奈和残酷，随着李林甫执政，曾经鼎盛的唐朝逐渐走向腐朽没落。一向心性淡泊的王维终不敌那些钩心斗角的争斗，他终于打定主意，从此远离朝堂,寄情于山水田园。到了晚年已经俨然是个僧侣，在尘世里修禅。而他笔下的山水，也因此透着禅意，自然意趣与佛理交融，短小精悍却不失趣味。

相思

唐 · 王维

红豆生南国，春来发几枝。
愿君多采撷，此物最相思。

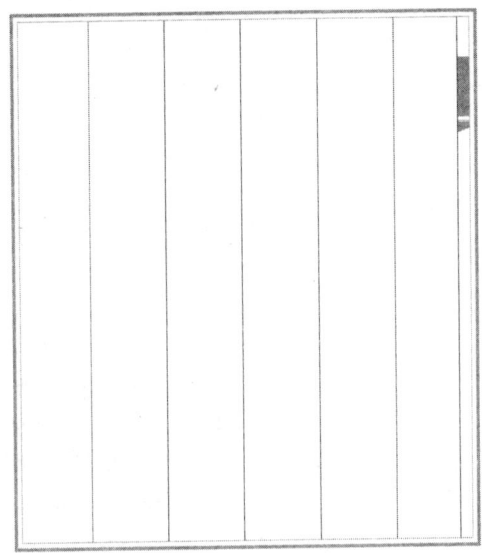

『诗中意』

南国，也便是江南，似乎一直是许多风月之事缠绵悱恻的情乡。那里有朦胧的烟雨，有凄美的断桥，有接天映日的荷池，那南国的红豆，便比别处更多了几分诗情画意，添了几笔芳华如斯，亦增了几抹难言的相思。

红豆又名相思子，待到缠绵春时悄然生几枝，在烟雨朦胧的江南倾诉着一代又一代才子佳人的风月情话。

“愿君多采撷，此物最相思。”当王维咏出此诗句时，心中作何思量？都说他以此赠友人，不知他是否也遇到过一个让他思慕一生的女子？那女子，可能温柔如水，可能猎艳如花，可能清淡如风，可能诗意如画，总之，她便是他半世的相思。

都话相思红豆最相思，那其间或沁甜如蜜枣、抑或苦涩如莲心，历史上那么多入骨相思都有着怎样的思绪与情谊呢？

独坐

唐·司空图

幽径入桑麻，坞西逢一家。
编篱薪带茧，补屋草和花。

『诗中意』

走在曲曲折折的小径，优游不迫，心本幽深孤美，又遇山中人家，破屋几间，闲草杂生，野花乱开，心里便一下明澈。这分明是藏于深山的一首孤诗，悠远空灵。近看篱笆用枝条编就，再一抬头，屋漏处却用花和草相补。那一眼，想必整个人已被风吹进一溪水，吹进满山花。

破屋主人看不到这样的美，也许看到的反而是凄风冷雨，但那补屋的草和花如此随意闲适，一定跟主人的心境有关。

司空图在《二十四诗品》“旷达”一品里有句“花覆茅檐，疏雨相过”。再想他诗里补屋的草和花，在光阴里从容自在，相宜相悦，如此才能得到旷达之境吧。

也许穷尽一生，我们都无法割舍尘缘，更无法自在洒脱地抛开一切，往山里茅屋一住，但我们可在心中置茅屋几间，为这长长一生寻一处栖息之所。即使这样的寓所经不起太多风雨，但有一腔补花补草的愿，人生没有什么是不可圆满的。所以你只需怀一颗向美之心，去尘里寻，心中寻。

如此走破了鞋，也许正好落进草籽花籽，闲下一坐，脚边尽是花草清香；住漏了屋，也许正好风送草鸟衔花，帮你补出一份隔世的美。

寄王屋山人孟大融

唐·李白

我昔东海上，劳山餐紫霞。
亲见安期公，食枣大如瓜。
中年谒汉主，不惬还归家。
朱颜谢春辉，白发见生涯。
所期就金液，飞步登云车。
愿随夫子天坛上，闲与仙人扫落花。

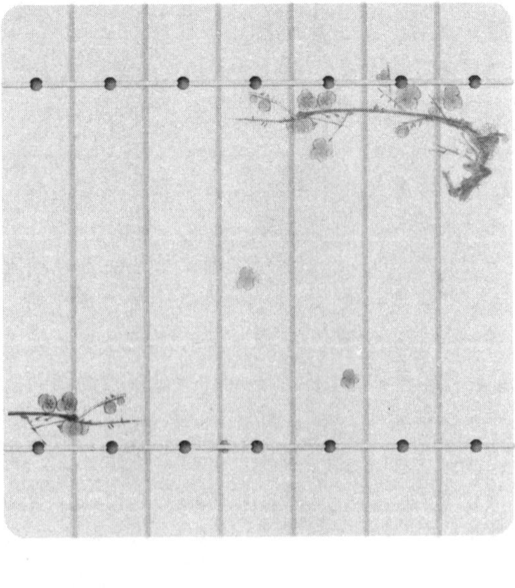

『诗中意』

那时李白同杜甫一起渡黄河去往王屋山，本想寻访道士华盖君，但没有遇到。可能这时他们遇到了一个叫孟大融的人，因志趣相投，李白写诗相赠。但诗中所提之地却是劳山，即青岛崂山。李白去崂山时并未作诗，反而在王屋山遇到志趣相投之人时诗情大发。我想，李白之所以能在一开篇就笔墨淋漓，以真性情酣畅入笔，写游崂山时看到的“餐紫霞”“食枣大如瓜”，别开生面又颇具想象力，一定是因为所遇之人有非凡之处。或者，他就是山中仙人。

山中有路，路边有溪，野山遇断桥，桥下有流水，那桥上水中不急不慌，嬉笑而谈，守着清风白云、鸟鸣溪响的人何尝不是仙人。人生有诸多不如意，但偶尔做一个闲与仙人扫落花的人，清淡而知足，亦不失尘世中的美好。

秋雨夜眠

唐·白居易

凉冷三秋夜，安闲一老翁。
卧迟灯灭后，睡美雨声中。
灰宿温瓶火，香添暖被笼。
晓晴寒未起，霜叶满阶红。

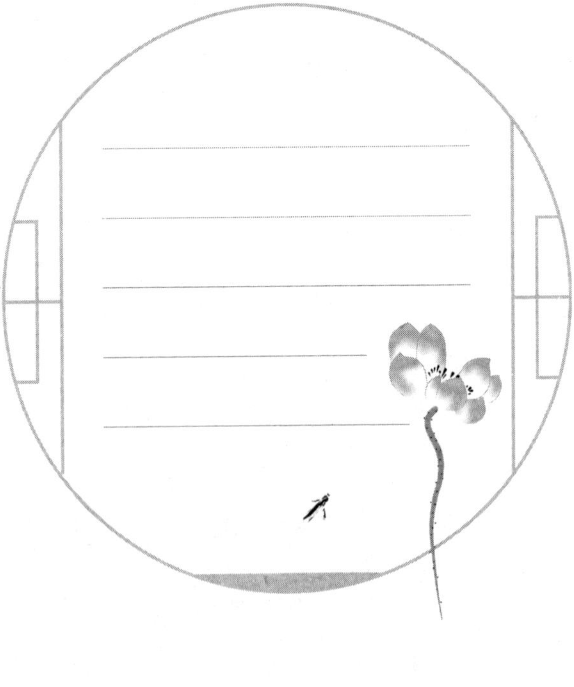

白居易的诗虽不如李白那般浪漫飘逸，却也美得别致。单单一个题目，便勾起人关于雨夜的无限遐想。

写这首诗时，他已是年过六旬的老翁。他早已看遍繁华，内心淡然，在一场秋雨淅淅沥沥落下后，终于迎来期待已久的美梦。翌日破晓，远处传来寺庙的钟声，薄雾之中满阶红叶，这秋日唯一的色彩，他却叹是凋零。

这之前已有过太多的不眠之夜。好友元稹谢世，经历多年宦海沉浮的他在暮年对政治心灰意冷。他平静地望向远方，看似波澜不惊的目光里涌动着一片海，海浪渐渐退去，只剩下对闲散生活的期待。

诗人笔下的秋夜大多凄凉，但那夜白居易笔下的冷雨却有了温情，将人送入一个温暖的梦中，炉中香气渐渐消散，夜里有落叶的簌簌声，有雨落在行人油纸伞上的嗒嗒声，冷的时候就加一点炉火，生活的闲适就这样一点点融进他笔下的诗行中，让人宁愿沉醉不醒。

忆江南·江南好

唐·白居易

江南好，风景旧曾谙。
日出江花红胜火，
春来江水绿如蓝，
能不忆江南。

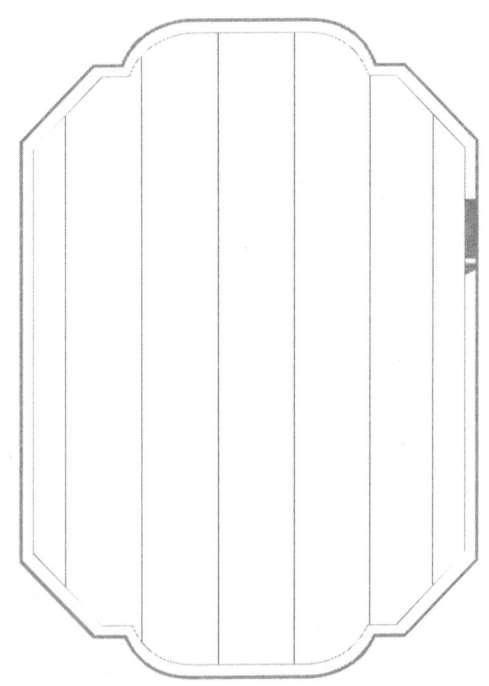

“江南”这个词一吟，仿若水生花，千朵万朵迤逦而来。“江南”这个词一落笔，就像杏花雨，水墨刚点出一朵杏花，千丝万缕的雨就垂下来。

北方的才子白居易来了，来到江南，第一次来的时候，他心不甘情不愿，心心念念想要再回长安，但真回到长安时，突然发现自己已经忘不掉江南了。江南的烟雨已经从青衫上浸透到他的心里。

他曾心心念念爬上权力的巅峰去指点江山，来江南一趟后，他顿时失去了激情，权势不过梦幻泡影，他更想秉笔点蘸江南的烟雨，化成云纸上的水墨，那山河如画，比这尔虞我诈的紫垣曹署荣华地要妩媚可爱得多。

于是，已知天命的他又离开了长安，抛开繁华来到了“白石清泉就眼来”的江南。来到这里，诗人始知天地间灵境有所归，于是自掘心城，挖成烟波桨声里的绝色江湖。

诗人踏着青石板穿过一个又一个雨巷，遇见一个又一个如丁香般忧愁的女子，步步平仄成诗；诗人登上一艘乌篷船，行过一处处江湖，遇见一个个罗裙玉腕轻摇橹的采莲女，自己也摇橹轻歌……

北方的才子来到江南终究是游子，年老的诗人后来回到了家乡洛阳。归去时，那一袭青衫携着一池春水，那冠簪是江南的一枝花。当白居易站在黄河岸边看浮云落日时，对江南的思念已是砭骨入髓，他情不自禁写下了这首《忆江南·江南好》。

还要怎么去爱这江南呢，那小小春光的江南，千里之外的江南，已让人到了深陷烟水里无法自拔的地步了。

此生遇见了多少传奇，可是江南，只在人群中多看了一眼，从此开始无尽思念。

颂钓者

唐·德诚

千尺丝纶直下垂，
一波才动万波随。
夜静水寒鱼不食，
满船空载明月归。

『诗中意』

唐朝时，一个喜欢写诗的僧人在朱江泛舟，迎送四方来者，随缘度日。一天夜里，他泛舟江上，投丝垂钓，水暗深寒，没有鱼来吃饵，他安坐在小船上，任波浪一波波轻荡着他的心，明月照耀下，他心中一个清朗的世界也层见叠出。回程时，他写了这首诗。

本为鱼而来的他最后却收获了月色下清孤静美的世界。在一江清水里撩起层层波浪洗净了心上的红尘欲屑，终让心映照了一个月下清朗的山河，所以逆水回程的他，满船空载明月归。

心不静，看见的是鱼；静下来，就看见一个花枝春满、天晴月圆的世界。

身为凡夫俗子的我们，心中的鱼很多，所以顺流而下去寻找，在世间熙熙攘攘，一波才动万波随。而唯有像僧人这样的智者，才会在顿悟的时刻逆水行船，载月而归。

花影

宋·苏轼

重重叠叠上瑶台，
几度呼童扫不开。
刚被太阳收拾去，
又教明月送将来。

『诗中意』

花影一重一重铺上亭台，东坡先生放下手中诗卷，幽思深渺地看着。清风摇竹，吹着花影，先生莞尔一笑，便命书童将花影扫开，谁知叠叠花影像个顽皮的孩子，太阳刚把它们带走了，转眼它们又追随明月回来了……

花影娴雅的光阴里，人无贪念无怨嗔，与世也无尘俗气，这样的光阴是日月深处的花影，层层叠叠，如清泉洗心，让人有了清雅劲拔的格局。

能赏花影之美的人，处灼热俗世里也能自带清风，于静夜孤寂时能自带花影。甚至看到一双细腻的手，将一叠叠花影裁剪作衣，有人缝一朵于领上，有人缝一朵于袖口。这世上就有那样一件清凉衣，也有那样与世无争的人，任花影不扫，一生婆娑生香。

赠刘景文

宋·苏轼

荷尽已无擎雨盖，
菊残犹有傲霜枝。
一年好景君须记，
最是橙黄橘绿时。

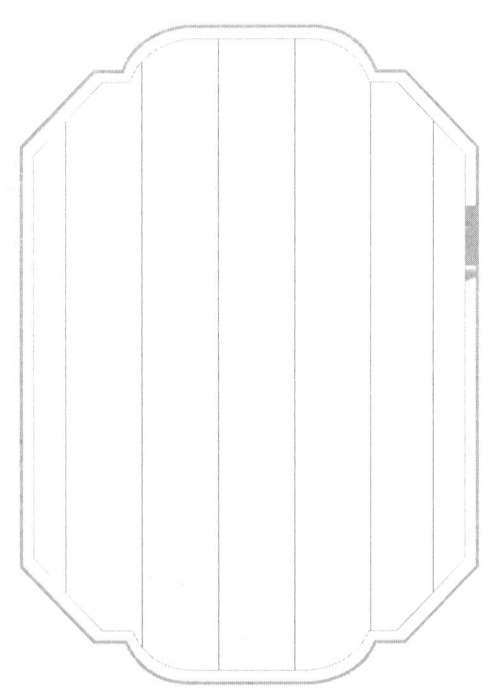

『诗中意』

夏秋已去，荷菊还有些影子未褪，凌着初冬的寒。可留得再好毕竟也是残景，苏轼笔墨悬空，一时不知如何切入，他也不曾想到自己要在这样一个时节去赠好友一首诗。这不是一首普通的诗，天涯咫尺只话闲情。他想把世间好景都囊括其中，遥寄劝慰，让对方看到前路和希望。

百思转，诗方成。最终刘景文展卷读得的，便是这首《赠刘景文》：“荷尽已无擎雨盖，菊残犹有傲霜枝。一年好景君须记，最是橙黄橘绿时。”苏轼将冬初最斑斓的颜色随诗寄了过来，令刘景文感念于心。

刘景文已年近耳顺，仍不得重用，愈是入冬，那枝头萧瑟愈让他沮丧失意。苏轼却告诉他，最好的时节便是此时，虽萧瑟冷落，却丰果硕然，春夏再艳丽，亦不及这番内蕴丰盈。

苏轼用一首诗为刘景文扫尽尘霾，在他心中栽下一棵橘树。只是世事是怎么也算不准的玄卦，好友终究没捱过甲子光阴，走不出冬至的大雪纷飞。

苏轼这首诗，其实该在多年前就赠予他的。那时或许他的人生还未步入秋夏，还只是春之伊始的一地灿烂，若是那时他便知道“一年好景君须记”，或许这一生会免去许多虚度。

愿人人都趁浮光未老，好景不散，做最美的归人，而非过客。

临江仙·夜登小阁忆洛中旧游

宋·陈与义

忆昔午桥桥上饮，
座中多是豪英。
长沟流月去无声。
杏花疏影里，吹笛到天明。

二十余年如一梦，
此身虽在堪惊。
闲登小阁看新晴。
古今多少事，
渔唱起三更。

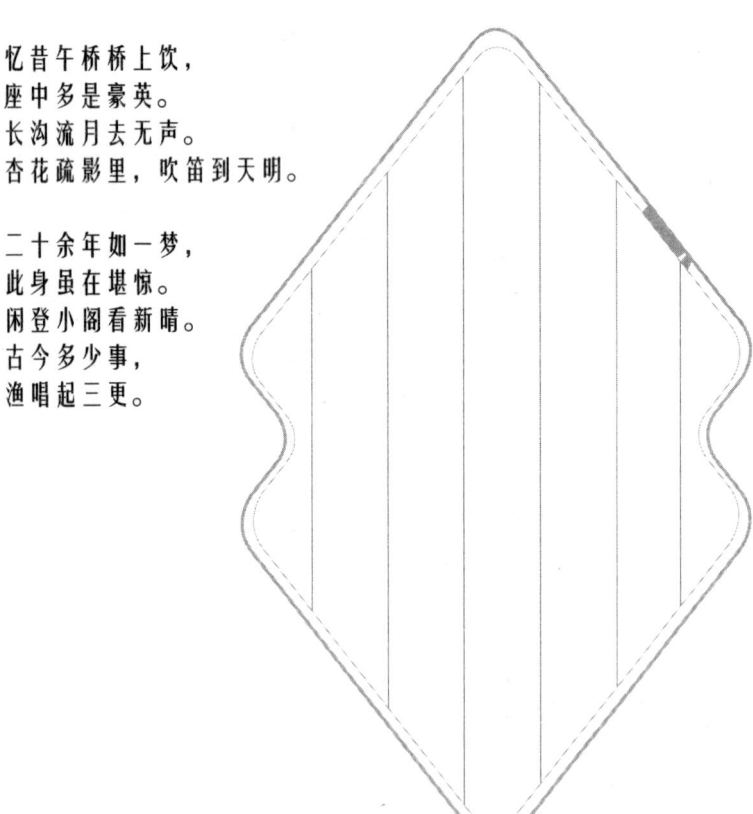

「词中意」

读陈与义的这阕词，就像秋高气爽的碧空里飞过几只南归雁，在心底掠过丝丝细碎的哀愁。

陈与义的哀愁来自对经年往事的蓦然回首。江山易色，半世飘零，昔年盛景的不复，流年似水的无奈，在词人的笔尖喷涌而出。吟咏着昨日芳菲，和着三更渔唱，慢慢归于寂灭。

长沟流月，流走词人的半世年华；杏花疏影，摇曳了过往的一梦苍凉。旧时，白衣少年在亭亭花下横吹短笛，撷一抹温柔月色，赋一曲离合之歌。此日，忆昔午桥，流光斑驳，华胥碎尽，离人难赋，青衫老者闲登小阁，极目处无限凉意。半世流离，家国分崩离析，旧人亦不复。所有的伤痛过往将此时的词人雕琢，他忽然体会到了一种关乎人生的况味：今古万事，皆已成空。

放下一段风尘眷恋，遇见另一段锦年佳事。萍踪浪迹，也终不枉此生。

武夷山中

宋·谢枋得

十年无梦得还家，
独立青峰野水涯。
天地寂寥山雨歇，
几生修得到梅花。

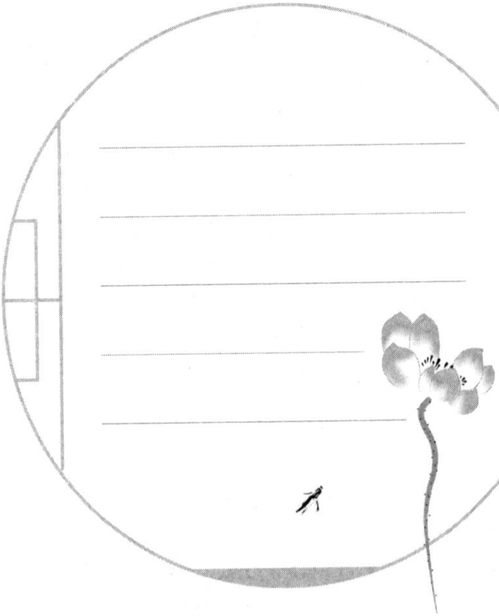

德祐元年，谢枋得抗元失败，进山躲避，深冬时节的武夷山人迹罕至，抵达半山后，谢枋得寻了处草舍，取出行囊里的酒，伴着风雪饮下。

隐居十载，终归是江山易主，无力回天。其时，元兵正广召南宋遗民，谢枋得誓不出山，每日着麻衣草鞋，面向东方恸哭，怀悼故国。

直到望见那片清艳的梅花，谢枋得才从悠远的记忆中回过神来，眼前梅花像极了那些舍生忘死、为国奉躯的义士，无论面对怎样的阻扼，他们始终高洁如初，矢志不移。念及此，谢枋得略略思索，一首《武夷山中》便横空出世。

未过多久，元使寻入山中，五度诱降，皆被谢枋得严词逼退，后来，又被逼北上大都。

此一程，再无归期。自出发之日起，谢枋得便以死相抗，他本欲绝食而亡，可心中仍挂念着被元军俘虏的谢太后与宋恭宗，这才进食少量的蔬果以维持性命。

抵达大都后，元军将谢枋得拘押于悯忠寺内。得以再见太后与恭宗，谢枋得连连叩拜，涕泪横流，之后绝食五日，殁于悯忠寺，死前虽形销骨立，唇边却泛起深深笑意。阖眸刹那，谢枋得仿佛回到武夷山中，见那梅花次第绽放，天地红艳一片，如同熊熊烈火，燃尽了世间所有寒冬。

虞美人·听雨

宋·蒋捷

少年听雨歌楼上。
红烛昏罗帐。
壮年听雨客舟中，
江阔云低、断雁叫西风。

而今听雨僧庐下。
鬓已星星也。
悲欢离合总无情，
一任阶前、点滴到天明。

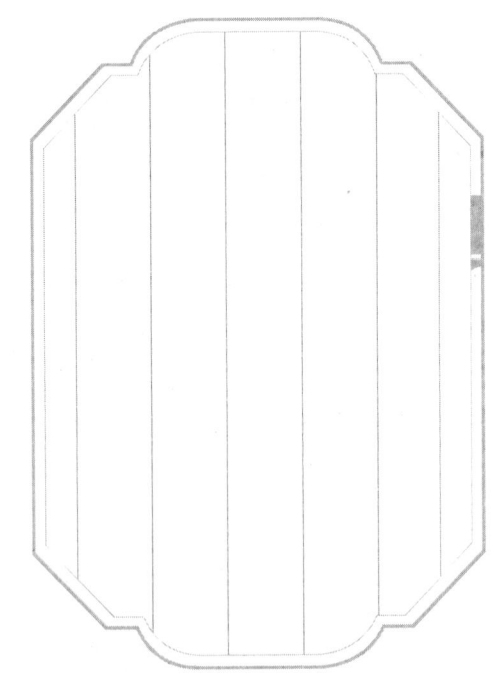

三个时期，三种心境，这是蒋捷一生的真实写照。

年少得意，才子词人，对国家的灭亡有着强烈的预感，但文人柔弱的臂膀承担不起江山社稷的重量，既然如此，那就不妨今朝有酒今朝醉。于是帘外雨声潺潺，室内却是佳人相伴，温暖如春。

时光一日日流去，国势也日渐颓微，词人独自羁旅江湖。

又是一个雨天，偏又是孤舟横江。隔了船窗向外望去，雨水渐涨，大江平阔，凝云越压越低，一只失群孤雁突然闯入眼界，不由心头一震：大雁失旅孤飞，与己何其相似，一样都在风雨中迷了方向，不知何去何从。如此地步，只能幻想一下“银字笙调，心字香烧”的和谐意味，并从中获得一丝少得可怜的安慰。

江山易主，昔日心头的预感转眼间竟已成为残酷现实，江山万里，偌大乾坤，却找不到一处安身之所，只能躲在一所凋敝的僧庐中，苟安着残余的生命。

门外风又飘飘，雨又萧萧，僧庐之内环堵萧然，一盏冷灯闪映着鬓上星星斑斑的白发，这是写此词时的真实处境。歌楼罗帐，大江孤舟，不过是因这一场风雨而勾起的对往事的回忆。风催雨势，雨带风声，一阵阵地向人袭来，惹起平生心事，黯然无声。

悲欢离合总无情，人能有何办法阻挡得了？“一任阶前、点滴到天明”，看似看透了人世变幻的无常，将一切忘怀，了无挂碍。此时此地再听到点点滴滴的雨声，自己已木然无动于衷，再无痛苦，然而这能骗得了别人，却终不能骗过自己。

一剪梅·舟过吴江

宋·蒋捷

一片春愁待酒浇。
江上舟摇，楼上帘招。
秋娘渡与泰娘桥，风又飘飘，雨又萧萧。

何日归家洗客袍?
银字笙调，心字香烧。
流光容易把人抛，红了樱桃，绿了芭蕉。

『词中意』

漂泊已久的游子，乘一叶小舟，路过太湖旁的吴江县。春寒料峭，岸边楼上的酒旗对他频频招手。吴地方音软媚，边渡桥的名字也香艳。一阵风、一阵雨的恼人天气，添了游子的春愁。客袍早就脏了，到家就可以洗。到得家时，先什么也不干，且把银字的笙调试起来，把心字的香点起来，陪娘子好好坐坐，可屈指一算，到家该交夏令，樱桃颜色变红了，芭蕉叶子由浅绿变为深绿了，让人思之欣慨交心。

这阕词写得风流潇洒，好似看到他衣着青衫，背着双手独立在江上孤舟，孤舟顺江而下，风吹鬓发，衣衫飘扬。写景清而不冷，写情感而不伤，有对日后温暖的向往，也有对时光流逝的感喟。“流光容易把人抛，红了樱桃，绿了芭蕉”一句太美，以至于令人沉浸于红绿映衬的旖旎境界中而忽略了对人世变迁的无奈与惋伤。这样的词句，如同不施粉黛的洁净女子，最惹人爱怜。

诉衷情·出林杏子落金盘

宋·周邦彦

出林杏子落金盘。
齿软怕尝酸。
可惜半残青紫，
犹印小唇丹。

南陌上，落花闲。
雨斑斑。
不言不语，一段伤春，
都在眉间。

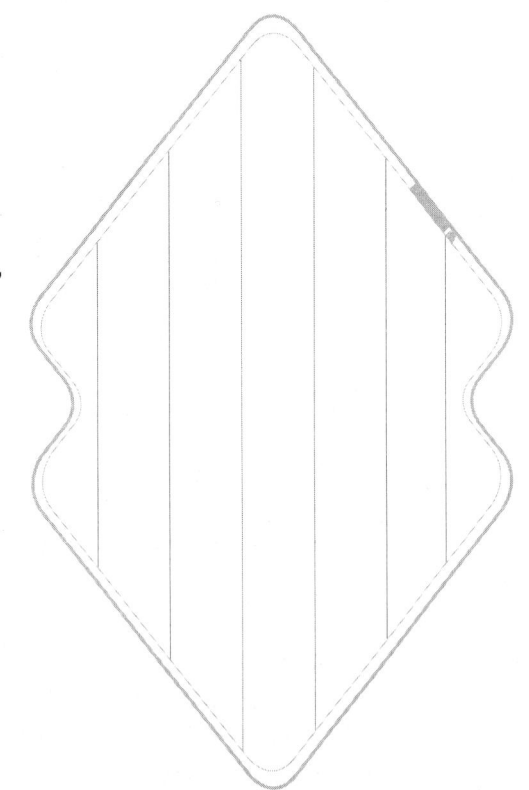

『词中意』

周邦彦很擅于描写女孩子，这里他写了一个少女吃杏子的过程，灵动清澈又自然。

这阕词的主角应该是一个小姑娘，灵秀天真，杏子才刚刚成熟，少女禁不住诱惑，尝了一颗，酸死人，吃了一半，另一半就扔在一边了。可惜了那半个杏子，还略微有些青色，自然没有熟透，被丢在桌子上，委委屈屈的，一个清淡的牙痕，还有一个小小的口红印轻轻浅浅地印在小杏子上。

对少女来说，这只是生活中一个平常插曲，几乎每天都会发生，但是对喜爱她的男人来说，这唇丹与青紫相映，这玲珑盘里的青红杏，简直是一种美的享受。

杏子吃不成了，干脆隔着窗子欣赏外面的风景。春末，小园子里落花满地，春雨斑斑，是春雨无情，还是大自然无情呢，这么好的花朵为什么要凋谢？与其说落花风雨更伤春，倒不如说：为赋新词强说愁。

少女体会不到岁月流逝对人的摧残，她们眼中的岁月是一抹胭脂红。她们关心的，是自己的情感归宿，春风一点点懵懂，伤怀也渐渐弥散开来……

行香子·述怀

宋·苏轼

清夜无尘，月色如银。
酒斟时、须满十分。
浮名浮利，虚苦劳神。
叹隙中驹、石中火、梦中身。

虽抱文章，开口谁亲。
且陶陶、乐尽天真。
几时归去，做个闲人。
对一张琴、一壶酒、一溪云。

『词中意』

清夜无尘，月色如银。如此良辰美景，本该配赏心乐事。

而苏子却笔锋一转，开始虚苦劳神，慨叹人生。慨叹也就罢了，还指向了彻底的虚无。“隙中驹、石中火、梦中身”人生如白驹过隙、凿石见火，它更像是物理现象，只有瞬间的光线一闪，炯然而过。这样的比喻冷冰冰，让人惊惧又猝不及防。原来人生，不过是一场梦。

还好现实的鸡毛蒜皮有填补虚无的效用，不至于让虚无游荡于无涯。旷达如苏子者，即使知晓人生如大梦一场，却也不得不为最具体的现实问题羁绊“虽抱文章，开口谁亲”，即使最终妥协成达观，可那份怀才不遇的牢骚也是挥之不去的罢。他也自问“几时归去”不也是在建功立业和归隐山林之间犹豫不定？

若人生真是虚无，若所有相都是虚妄。汲汲于浮名浮利与做个闲人吟风弄月又有何本质的优劣和区别？也许我们需要的，只是为自己的某种选择求个解释，来说服自己。

也许人都有抵抗虚无的本能，也许我们终其一生都在和虚无抗衡，只是有人选择在官场纵横捭阖，有人选择白首忘机。

哪有什么是非对错可言，哪有什么优劣之辩。唯一重要的是“且陶陶，乐尽天真”。

白云庄

宋·显忠

门外仙庄近翠岑，杖藜时得去幽寻。
牛羊数点烟云远，鸡犬一声桑柘深。
高下闲田如布局，东西流水若鸣琴。
更听野老谈农事，忘却人间万种心。

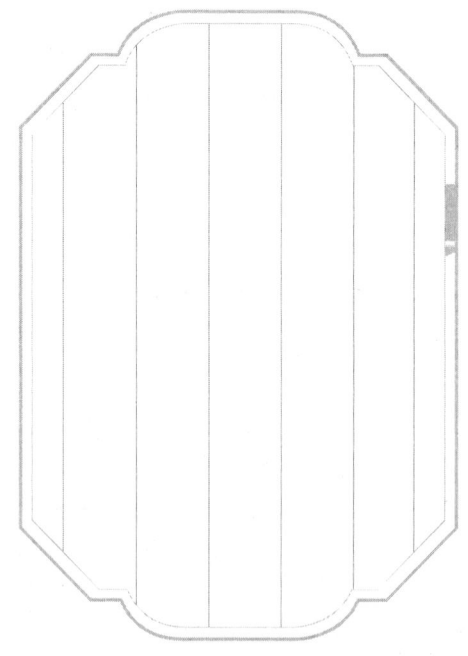

『诗中意』

读过《桃花源记》的人，都向往那个世外仙源。那里没有俗世纷争，无须记住时光往来，就连生老病死都是上苍的仁慈，像镶嵌在画境里，生活在梦中。

而现实生活像个刽子手，总在毫无防备的境况下残忍地宰割我们。每个人从生下来就开始漂泊，而漂泊是为了寻到梦里桃源，在远离伤害的地方淡然活着。

读这首《白云庄》，俨然看见一位诗僧，竹杖芒鞋，在青翠的山岭间寻幽访胜。一路上，牛羊或聚或散地放逐在田野间，桑林深处，隐约听到鸡犬声。高低的田畴，有如布下的棋局，简洁中带着不为人知的深意。而高僧亦被这农家恬逸的田园风光感染，在与老农畅谈农事的乐趣中，忘却了世间种种忧烦。

这就是禅，在一花一草间、一山一水中。多少功名都化作白纸，多少往事皆分付秋红，就连寺院的钟鼓、经卷、青灯都不及田园的草木有禅意，这一切只在于看风景的人的心情，这也是禅师用一生的回首和颖悟抵达的生命某种终极境界。

天净沙·秋思

元·马致远

枯藤老树昏鸦，
小桥流水人家，
古道西风瘦马，
夕阳西下，断肠人在天涯。

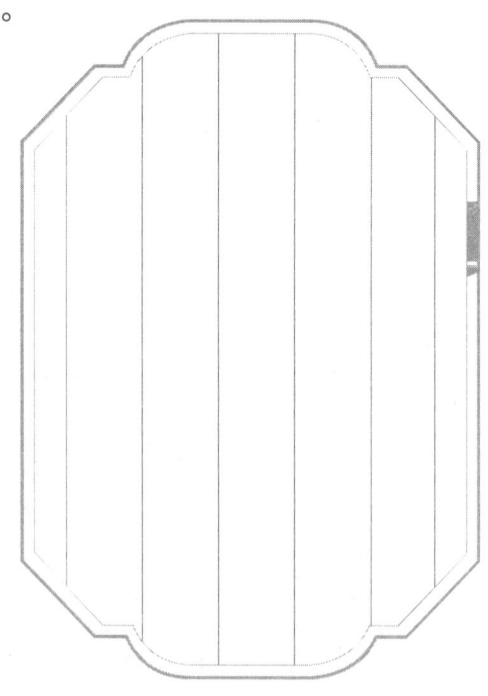

仅仅用28个字就将秋意深刻清晰地描摹出来。

那个夕阳西下，远在天涯的断肠人马致远何尝不是众多落魄文人气质的凝结。

曾经的少年，策马扬鞭。以为功名理想全在远方，可是，所有的壮志雄心都在时光中消磨成灰烬，如此才认识到自己不过是寻常人。然后，想起那些昏黄如豆的灯光，温热的汤水，母亲温暖的手，妻子的叮咛……那些赖以生存的温暖存在，从没有像现在一样有这么真切的向往与渴望。

《天净沙·秋思》全曲，更像是一个朴实动人的神话，不是苦吟就能够得到的，更像某一夜漫天繁星流落时，有人幸而沾染了整个衣襟的光辉，然后，终于有一天，这个心旌摇曳的人，慢慢地讲述自己那一刻的惊艳。

《天净沙·秋思》，它是上天感触苍生哀苦，不过是借马致远这个人说出来，慰籍离人。马致远之后，秋思这盏离愁，渐渐馥郁成断肠之毒，有绝世的香浓，可惜饮一口，会断肠。